「平和国家」の誕生

「平和国家」の誕生

戦後日本の原点と変容

和田春樹
Wada Haruki

岩波書店

はしがき

戦後日本の平和主義、「平和国家」という国家目標、日本国憲法の不戦条項はいまや大きく揺らいでいる。いや決定的な危機を迎えていると見ることもできる。この夏、安倍首相は、戦後七〇年日本は「平和国家」として歩んできたと主張しながら、「積極的平和主義」を実現するとして、集団的自衛権の行使容認による自衛隊の海外戦闘行動に道をひらく安保法制一一法案の成立をはかった。国民の中からは、これは、戦争に参加する国家に「平和国家」の看板をかぶせるもの、「積極的平和主義」の名のもとに、あらたな軍事優先主義を推進するもの、とりもなおさず「違憲」の立法であるとみて、強い批判の運動が起こった。国会には、連日のように多数の市民、老人、女性、学生がつめかけ、ときにはそれが数万の大勢力にふくれあがり、政府に迫った。この首都の運動を全国の運動が支えているが、その中心が、いまや辺野古新基地建設反対、普天間飛行場の即時閉鎖の要求で結束する沖縄全県民の運動である。

この対立はのっぴきならないものであるように見え、対決はなおいくつかのラウンドをへて進んでいくだろう。こういうときには、みなが大事にし、安倍首相も語っている「平和国家」という戦後日本の国家目標について、あらためて吟味し直し、明確な認識を確立することが、今日の東アジア、東北アジア、そして世界の危機の中で真に積極的に平和をつくりだすために必要である。
私は一九三八年一月、日中戦争のさなか、日本軍の南京占領の直後に生まれた、戦争の時代の子である。大東亜戦争が開始されたときは静岡県清水市の幼稚園児であった。一九四五年七月国民学校二年生のとき、清水市は空襲を受け、市の半分が焼失した。私の家は焼けず、一家は防空壕で耐え抜いた。八月一五日の玉音放送は近所の大人たちと一緒に聞いて、その日から灯火管制がなくなったのを喜んだ。その年一〇月、敗戦後最初に出た『少年倶楽部』八月・九月合併号を買ってもらい、佐藤一英の文章「新しい日本の朝明けを前に」を読んだ。

翌四六年元旦には、書き初めに「太平の春」と書いた。日本国憲法が制定されたときは、小学校三年生であった。五〇年六月静岡の中学一年生であったとき、朝鮮戦争が起こった。サンフランシスコ講和条約が結ばれたのは二年生のときである。そして朝鮮戦争休戦協定が結ばれたときは、清水の高校一年生であった。その年、五三年一〇月二一日、久保田全権の植民地支配を肯定する発言のため日韓会談が決裂した。その事態に対する日本の政界、新聞の反応を批判する文章を日記に書いた。

五四年三月、高校一年生の私は、憲法擁護国民連合清水支部に参加した。明文改憲による徴兵制の出現をなんとしても阻止したいと考えていたからである。その年七月、自衛隊が誕生したが、特別の反応を示していない。翌五五年、私が高校三年生のとき、両派社会党、共産党、労農党からなる護憲派は総選挙で、憲法改正の発議を阻止しうる国会議席の三分の一を獲得した。以後五五年体制が続き、この状態が続く間、私の人生の大半が過ぎた（和田春樹『ある戦後精神の形成　1938－1965』岩波書店、二〇〇六年）。

だが、この間、一九六五年から七五年までベトナム戦争という大戦争が東アジアで進行した。日本は戦争するアメリカを基地と役務の提供で助けたが、自衛隊をついに参戦させなかった。一人のベトナム人を殺すこともなく、一人の戦死者を出すこともなかった。私は六八年、職業と家庭をもつ三〇歳の市民として、日本国憲法の精神にしたがって、アメリカの戦争に反対し、アメリカの戦争の機械をとめるために努力した。戦後日本の平和主義を発展させ、実践したのである。

一九九三年、河野官房長官談話の発表とともに宮沢政権が下野して、五五年体制が終わった時には、私は五五歳になっており、私の息子すら、徴兵年限をとうにすぎた状態になっていた。冷戦が終わったこの時点では、野党は憲法改正の発議を阻止する三分の一議席を守るという役割を脱して、政権を担当して、新しい状況の中で新しい国の進路を切り開いていく政治主体にならなければならない。そこでその年私は平和基本法を提案するグループ（古関彰一、鈴木佑司、高橋進、前田哲男、山口二郎、高柳先男、山口定、坪井善明、岡本厚）に参加して、雑誌『世界』四月号に共同提言を発表した。最小限防御力は憲法九条のもとで合憲であるとすることが核心的主張であった。翌九四年、自社さきがけ政権が誕生し、村山首相は日米安全保障条約と自衛隊をそのまま認めた。社会党は混乱し、急速に退潮していった。

一九九〇年代後半からは、改憲を阻止する三分の一の議席を護憲派がもつという状態は完全になくなり、日本政治の混迷の中で憲法改正を求める動きがさかんに起きるようになっている。

二〇〇二年小泉内閣によって武力攻撃事態法三法が国会に上程され、有事立法反対の運動が高まった。そのとき、私は、非武装国家を理想とする古典的な戦後平和主義の情緒が運動の中に横溢しているのを見た。当面は政治的には有効であるかもしれないが、二一世紀の変化した状況の中で日本の前進を可能にするのには、あらためて戦後平和主義の起源とその構造をするどく問い直すことが求められている。そう考えた私は「戦後日本平和主義の原点」と題する論文を書いて、二〇〇二年初夏のオーストラリア・アジア学会で報告し、それを『思想』同年一二号に発表した。

戦後日本の平和主義の基礎は戦争放棄を決めた憲法九条であるというのが通念である。日本国憲法が「マッカーサーの三条件」からはじまるGHQ原案にもとづいて起草されたことも、よく知られている。この経緯から、憲法は「押しつけられた」という考えは改憲派の攻撃の中心的な要素であった。これに対して、憲法擁護派は、憲法が「押しつけられた」のは帝国政府にであって、国民にではないと主張して、攻撃をかわそうとつとめてきた。「あまりに戦争の惨禍がひどくてなまなましかったから、その実感からほとんど無反省に、先行きのことなど考えないで第九条を受け入れた」という面も少なくなかったが、幣原首相の立場をみれば、「熱核兵器時代における第九条の新しい意味を予見し、むしろ国際社会におけるヴァンガードの使命を日本に託した」ものであることがわかるとした丸山真男の議論は古典的な反論である（丸山真男「憲法第九条をめぐる若干の考察」『後衛の位置から』未来社、一九八二年）。

しかし、その説明だけでは、憲法がＧＨＱの原案によって生まれたことをはねかえすことはできず、「押しつけ」論はその後も根強く残ったのである。一九九七年に加藤典洋はその『敗戦後論』において、戦争放棄の条項を含む戦後憲法がＧＨＱの「発意により、その力で作られ、わたし達、占領下の非独立国である戦後日本の国民、政府に、（……）押しつけられた」ものであるという「原点の汚れ」を取り除くためには、憲法をえらび直す国民投票を行うべきだと提案した（加藤典洋『敗戦後論』講談社、一九九七年）。その提案実現の現実性自体には疑問があるが、憲法は「押しつけられた」ものだという加藤の意見の力は、この本が袋だたきにされたにもかかわらず、失われていない。

その中で、二〇〇二年、「平和基本法」構想の仲間である憲法制定過程研究の第一人者古関彰一が、著書『「平和国家」日本の再検討』（岩波書店）を刊行した。古関は戦争放棄条項は幣原首相の提案によるという深瀬忠一説、幣原とマッカーサーの合作によるという芦部信喜説を退けて、マッカーサーの意志で憲法が現実につくられたことをあらためて強調し、「戦争放棄条項は、天皇を戦犯から除外するための政治的戦略として憲法に盛り込まれた」と指摘した。私にはこの主張は「押しつけ」論の極みであるようにみえた。すべてがＧＨＱ文書の側、マッカーサーの側から考えられており、日本国民の態度の分析が欠如していて、一面的な評価に終わっている。私の論文「戦後日本平和主義の原点」は古関のこの考えを批判することをもめざしていた。

もう一つ、私が二〇〇二年論文を書くさいに念頭においたのは、ジョン・ダワーの新著『敗北を抱きしめて』（原著一九九九年。訳書、岩波書店、二〇〇一年）であった。私と同年に生まれたダワーは、この本で、第二次大戦の直後の日本国民の姿をあたらしい興味深い資料に基づいて明らかにした。彼は「敗戦直後にもっとも流布した標語」として「平和国家建設」という言葉にはじめて注意を向け、一九四六年元旦に当時一二歳の明仁皇太子がこの六文字を書いた習字を米国立公文書館で発見して、その写真をさし絵に入れた。これは重要な発見であり、問題提起であった。しかし、ダワーは誰がこの標語をつくったか、国民はそれにどう反応したかにも、この習字が一九四六年の書き初めであることにも注意を向けなかった。そのため、彼の好著では敗戦後の日本のもっとも重要な過程が見落とされている。

二〇〇二年の論文を書くために研究をはじめて、私はすぐに「平和国家」という標語は一九四五年九月四日、敗戦後最初の帝国議会開会にさいして天皇が発した勅語において打ち出されたものであることを発見した。私は、米軍機の空襲によって、街を焼かれ、家を焼かれ、家族を失って、反戦・反軍の意識を抱いた国民は、天皇の提示した「平和国家」という目標を支持したと理解した。そして、『少年倶楽部』敗戦記念号の佐藤一英論文は、「平和国家」の内容は非武装国家でなければならないとする知識人の主張の代表的なものとして国民の意識を形成するのに意味をもったのだと立論した。ここに戦後日本の平和主義の原点があったのであり、マッカーサーの原則と憲法九条はこの原点に照応して、それに明確な形をあたえたものだと言える。これが私の結論であった。

天皇の勅語で「平和国家」という標語が打ち出されたことは、一九四五年当時新聞各紙が大々的に報じているのに、その事実がわが国の歴史家たちの後年の研究、書物や論文に一切とりあげられることがなく、国民的な記憶から完全に消されてしまったことは、大きな驚きであった。私が二〇〇二年論文にそのことを書き、尊敬する歴史家たちに送ったところ、いまは亡き松尾尊兊氏は「玉稿はたしかにこれまでの研究の盲点をついたものです」と返事をくれた。

しかし、私の問題提起は国民の歴史認識に影響を与えることはできなかった。二〇〇六年に私は回想『ある戦後精神の形成　１９３８－１９６５』を出し、天皇の勅語のことも、『少年倶楽部』の佐藤一英の文章のことも、皇太子の書き初めのことも書いたが、反響はなかった。

二〇〇七年になって、朝日新聞の豊秀一記者が私の二〇〇二年論文を読み、皇太子の一九四六年元旦の書き初めの写真をはじめて新聞の紙面にのせた(二〇〇七年四月三〇日号)。憲法六〇年の特集記事の一環で、「不戦と天皇　戦後の両輪」と見出しがつけられた。

これより先この年四月二九日には「ＮＨＫスペシャル　日本国憲法　誕生」が放映された。この内容はチーフ・ディレクター塩田純がまとめた『日本国憲法誕生――知られざる舞台裏』(日本放送出版協会、二〇〇八年)に収められた。主たる関心は民間の憲法草案にむけられているが、公開された憲法改正案委員小委員会速記録の分析から、憲法九条の条文の冒頭に日本国民の平和への希求を入れたのは、社会党鈴木義男議員の提案にはじまるということがはじめて明らかにされた。

二〇一四年一〇月、天皇が前年に八〇歳、皇后がこの年一〇月八〇歳を迎えられたのを記念して、「天皇皇后両陛下の八〇年」という写真展が毎日新聞社の主催で、高島屋で開かれた。この展覧会に一九四六年元旦の皇太子の書き初め「平和国家建設」の現物が展示されたのである。毎日新聞社はこの写真展にあわせて、写真集を出版し、この書き初めは、その一九頁に、皇太子のランドセル、制服、魚のクレヨン画四枚とともに載せられた（『天皇皇后両陛下の八〇年』毎日新聞社、二〇一四年）。二〇一四年という年にこの書き初めを出品された天皇のご意志というものを感じた。私は二〇〇二年の論文を本にして出したいとかねがね考えてきたが、いよいよその考えを実行したいと思うようになった。それで、本書を書きはじめたのである。

さすがにいまは、あたらしい認識がひろまり始めている。朝日新聞では、二〇一五年四月一日から記者上丸洋一の連載「新聞と九条」が夕刊ではじまった。この中で上丸は「平和国家」という言葉が天皇の勅語から発していることをはじめて新聞に書いた。また古関彰一は二〇一五年四月『平和憲法の深層』（ちくま新書）を出版して、修正した主張を打ち出した。憲法の「平和条項」が誕生した過程について、「戦争の放棄」はマッカーサーの意図でつくられたものだが、「平和条項」は、天皇の勅語の中にある「平和国家」という言葉、皇太子の書き初め「平和国家建設」などにあらわれている「平和」への希望を出発点に、衆議院の審議のさい社会党議員が中心となって憲法九条に「平和」を加えて、生まれたのであるとしている。このような喜ばしい変化は私の確信を強めてくれる。ここに私が二〇〇二年以来考えてきたところをまとめて世に問うことにしたい。

戦後の平和国家の内容は間違いなく非武装国家であった。しかし、この観念とそれに基づく憲法解釈は長くは維持できなかった。一九五〇年にはじまった朝鮮戦争によって日本の立場が決定的に変わり、日本国憲法を堅持しつつ、日米安保条約を結び、自衛隊を創設しなければならなくなった。

平和国家の内容は、「非武装・非戦国家」から「非戦国家」に変わったのである。私は、二〇〇二年に『朝鮮戦争全史』(岩波書店)を書いて、この戦争の中に日本がまきこまれ、変わるさまを検討している。この分析にもとづいて、本書では、戦後日本平和国家の原点のみならず、朝鮮戦争を経た平和国家の変容をも論じることにした。けだし、今日の日本における平和国家とはこの変容した平和国家だからである。

目　次

一　日本国民の敗戦体験と平和主義

戦後日本の平和主義は三つの要素からできている。第一は日本国民の敗戦体験であり、それが戦後平和主義の基盤をなした。第二は天皇とその周辺が敗戦時に押しだした「平和国家」という新国家目標であり、これが戦後平和主義のかたちをつくった。第三は敗戦後の知識人たちの非武装国家への志向であり、これが戦後平和主義の内容をつくったのである。

日本国民の敗戦体験とは、戦争の末期の敗戦に向かう過程での戦争体験のことである。米軍は、一九四四年七月はじめサイパン島を陥落させ、ついでこの月末にはテニアン島を、八月はじめにはグアム島を占領し、ついにマリアナ諸島全体をにぎるにいたった。ここに米軍は飛行場を建設し、新鋭長距離爆撃機B29を配備し、同年一一月二四日より日本本土に対する爆撃を開始した。当初は軍事施設、軍需工場に対する精密爆撃が実施されたが、四五年三月一〇日の東京大空襲は都市市街地に対する無差別絨毯爆撃で、以後空爆は非戦闘員に対する殺戮作戦に転化した。

他方で、米軍は一九四五年三月半ば硫黄島を制圧すると、同月末より沖縄方面に対する上陸作戦を開始した。沖縄戦は全島民を参加させた軍官民一体の島ぐるみ防衛戦として戦われた。戦闘は六月日本軍の全滅、島民多くの死をもって終わり、全島が米軍によって占領された。

日本陸軍は六月八日の御前会議で「挙国一致皇土決戦」の方針をきめたが、米軍は沖縄から進んで、日本本土に対する上陸作戦を実施することを躊躇し、沖縄戦のあとには本土近くに前進した米機動艦隊からの艦載機による機銃掃射と艦砲射撃が行われた。空爆は一層強力に実施され、ついに八月六日の広島への原子爆弾の投下にいたった。八月八日ソ連が日本に宣戦を布告して、満州に攻め込んだ。ここにいたって、日本軍と政府は本土決戦を断念し、連合国のポツダム宣言を受諾して、降伏する旨を八月一四日連合国に通知した。

つまり、日本敗戦の軍事史は、満州でのソ連軍との戦闘を別にすれば、沖縄の地上戦と本土の空襲戦の二つからなっているのである。

1　沖縄の地上戦が生む意識

まず沖縄の地上戦について検討する。防衛庁防衛研修所戦史室編『沖縄方面陸軍作戦』(朝雲新聞社、一九六八年)、大城将保『改訂版　沖縄戦』(高文研、一九八八年)、林博史『沖縄戦と民衆』(大月書店、二〇〇一年)などが参考になる。

一九四四年二月一七、一八日中部太平洋のトラック島が米軍の攻撃をうけて、艦船沈没四〇余隻、飛行機損害二七〇機という大きな被害をうけると、大本営は衝撃をうけ、二月一九日、本土、南西諸島、台湾、フィリピンの防衛を強化することを決定した。三月二二日南西諸島方面防衛強化のため第三二軍が創設された。しかし、当初はのんきなもので、混成旅団二、混成連隊一より編制し、飛行場の防衛が任務とされたにすぎなかった。

ところが、六月一五日サイパン島に米軍が上陸し、七月上旬この島が陥落するにいたって、情勢は一変した。太平洋方面の絶対確保要域のマリアナ諸島が失われたため、七月下旬には、台湾、南西諸島、本土、北方の決戦準備が下令されたのである。沖縄の第三二軍には、こんどは四個師団(第九師団、第二四師団、第二八師団、第六二師団)と三個旅団(独立混成第五九旅団、同第六〇旅団、同第六四旅団)が編入されるにいたった。八月八日、陸軍士官学校長牛島満中将が第三二軍司令官に任命された。第九師団、第二八師団、第二四師団は満州から、第六二師団は北支から続々と沖縄に到着した。第三二軍は総勢六万七〇〇〇人にふくれあがった。

牛島司令官は八月三一日軍兵団長会同にのぞみ、「軍ノ屯スル南西ノ地タル正ニ其ノ運命ヲ決スヘキ決戦会戦場タルノ公算大ニシテ、実ニ皇国ノ興廃ヲ双肩ニ負荷シアル要位ニ在リ」と述べ、「地方官民ヲシテ喜ンデ軍ノ作戦ニ寄与シ、進ンデ郷土ヲ防衛スル如ク指導スヘシ」と訓示した(『沖縄方面陸軍作戦』八四〜八五頁)。沖縄は本土に向かって来る米軍を食い止めるべき最前線の要塞と意識されていたのである。司令官の訓示は防衛戦を軍隊と沖縄住民との共同の作戦と考えていることを示していた。

沖縄県の人口は一九四四年時点で約五九万人、うち四九万人が沖縄本島に居住していた。沖縄戦が予想される中、同年七月ごろから本土や台湾への疎開が命令された。しかし、輸送船が米潜水艦に襲われることもあり、疎開も安全ではなかった。学童疎開の対馬丸が四四年八月二二日、米潜水艦に撃沈され、乗客約一六〇〇人は学童五九名、一般人一六八人をのぞいて、ほぼ全員が死亡するという悲劇が生じている。このような事情もあり、疎開が順調には進められず、戦闘開始時までに沖縄をはなれたのは八万人ほどであった。結果として、島には五一万人が残ったのである。

日本軍はこの島民とともに米軍を迎え撃って、できるだけ長く戦いを継続し、できるだけ多くの敵兵を倒すことをめざした。第三二軍司令部がこの年一一月一八日に出した「報道宣伝防諜等ニ関スル県民指導要綱」には、次のように書かれていた。「我ガ国ノ存亡ハ東亜諸民族ノ生死興亡ノ岐ルル所以ヲ認識セシメ真ニ六十万県民ノ総蹶起ヲ促シ以テ総力戦態勢ヘノ移行ヲ急速ニ推進シ軍官民共生共死ノ一体化を具現シ如何ナル難局ニ遭遇スルモ毅然トシテ必勝道ニ邁進スルニ至ラシム」と書かれている(『沖縄秘密戦に関する資料』不二出版、一一七頁)。長勇第三二軍参謀長は「一人十殺の闘魂をもって敵を撃滅するのだ」と語っていた。このような思想のもとに、指導をうけ、沖縄島民は日本軍とともに、来るべき米軍の侵攻に備えて、命がけの戦いを展開すべく、精神的に促されていったのである。

島民の動員は第三二軍の沖縄への到着の前からはじまっていた。徴用令などで沖縄県民は飛行場の建設工事に向けられたが、三二軍の基地の整備にもさまざまな協力がもとめられた。中国からきた第三二軍の各師団は中国で慰安所のある戦争を常態と考えていた部隊であった。沖縄にきて、慰安所の設置がもとめられた。朝鮮から慰安婦が送り込まれ、また朝鮮人軍夫も連れてこられた。あわせて一万人程度と言われている。

第三二軍は総数は六万人、これに海軍部隊が一万人いた。ところが、四四年一一月四日、突如第九師団の台湾転出が命令された。これは台湾の第一〇師団をフィリピンに投入するための穴埋め措置であったが、沖縄軍には大きな不満をのこす措置だった。こののち、兵力不足は民間人の防衛召集によって埋められることになった。一七歳から四五歳までの沖縄の男子は根こそぎ動員されたと言われる。二月中旬から三月上旬にかけて、二次にわたり、約二万五〇〇〇名が召集された。この人々は軍事訓練もほとんどないまま、四月、五月の段階で戦闘に参加することになった。第三二軍が最大時一〇万人として、その四分の一は沖縄県民で防衛召集された者であった。

一九四四年一〇月一〇日沖縄に最初の空襲が行われた。その被害は甚大だった。那覇市は九割が灰燼に帰した。読谷、嘉手納、伊江島、那覇の飛行場も破壊された。死者は五四八人に上った。

一九四五年三月一八日米軍機動部隊は九州方面を空襲、二三日からは沖縄方面を空襲し、二四日から沖縄本島に艦砲射撃を加えはじめた。米軍は総勢五四万人の大兵力であった。三月二六日米軍はついに慶良間列島に上陸し、四月一日には本島中部の海岸に上陸を開始した。そこから米軍は日本軍の司令部のある首里めざして進撃した。四月六日の『琉球新報』は「見よ無敵の斬込み/戦線を集約し猛反撃」「一人十殺だ/独特の戦法で大出血」と住民の戦闘参加を扇動する記事を掲げた。四月一六日には米軍は飛行場のあった北の伊江島を攻め、四月二〇日にはこの島の守備隊を玉砕させた。三〇〇〇人の島民も守備隊とともに戦い、女性まで斬り込み作戦に参加し、七八一人が死んだ。伊江島に起こったことは、沖縄本島ではじまることの序曲であった。

米軍の攻撃は、最新鋭の兵器を繰り出し、「鉄の暴風」と評されるほどの猛烈なものであったが、首里に迫ると、日本軍も激しく応戦した。「シュガー・ローフ」と呼ばれた高地をめぐる攻防戦は猛烈なものとなった。五月中旬までに日本軍は六万五〇〇〇人を失った。現地召集の防衛隊員も夜間の斬り込み、対戦車接近戦を命じられて、突撃玉砕させられた。首里一帯には多くの住民がいて、戦争に巻き込まれた。一般県民の死者はこの時点から急速に増加した。

首里方面での戦闘は五月五日よりは持久防御の態勢に押し込まれた。日本軍は次第に米軍に圧倒されていった。ついに五月二二日、日本軍本隊は、首里で玉砕するとの方針を斥けて、首里から島尻方面に後退し、戦略的持久戦を展開するとの方針を決定した。牛島司令官はこの決定にあたって、次のように述べた。「予が命を受けて、東京を出発するに当たり、陸軍大臣、参謀総長は軽々に玉砕してはならぬと申された。軍の主戦力は消耗してしまったが、なお残存する兵力と足腰の立つ島民とをもって、最後の一人まで、そして沖縄島の南の涯、尺寸の土地の存する限り、戦い続ける覚悟である」(大城、同上、一三四～一三五頁)。

島尻方面には多くの島民が逃げ込んでいた。そこへ軍の本隊が撤退したことは、島民を最後の戦いにまでまきこむことを意味した。島尻南部の防衛線は六月七日ころから米軍の攻撃をうけ、一二日には右翼を突破され、一六日には左翼も占領されるにいたった。牛島司令官は六月一八日、大本営の参謀次長に訣別の電報を打ち、一九日、各部隊に部隊ごとに戦闘するように最後の軍命令を出し、二二三日長勇参謀長とともに摩文仁の壕で自決した。彼の最後の命令は次のようなものであった。

「今や刀折れ矢尽き軍の運命旦夕に迫る　既に部隊間の通信連絡杜絶せんとし軍司令官の指揮は至難となれり　爾今各部隊は各局地における生存者中の上級者之を指揮し、最後迄敢闘し悠久の大義に生くべし」。

これは部下と沖縄島民には玉砕をもとめ、自分だけは自決するという、まことに無責任な司令官の命令だった。六月二三日は沖縄戦終結の日として、現在は沖縄戦慰霊の日とされているが、戦闘はこの日のあともつづき、米軍の掃討作戦は月末まで行われた。司令官が自決するなら、まず米軍に降伏を通告し、のこった島民には投降をうながし、生きながらえるように心を遣うべきであった。そうしなかったことは、日本軍自体が反県民的存在と化していたことを如実に示している。

防衛庁の戦史によれば、日本軍の兵士は六万五〇〇〇人が戦死し、一般民間人は約一〇万名が死んだとしている(『沖縄方面陸軍作戦』)。沖縄県援護課の資料では、戦死したのは、本土出身の兵士六万五九〇八名、沖縄出身で召集された軍人軍属二万八二二八名、沖縄住民九万四〇〇〇名とされている。この住民のうち、五万五二四六名は戦闘に参加したと認定されて、戦後戦傷病者戦没者遺族等援護法の適用を受ける人々である(大城、同上)。男子学生は一六八五人が鉄血勤皇隊に参加し、うち七三二人が死亡した。少年護郷隊には一四歳以下の少年一〇〇二人が集められ、遊撃戦を行い、一六二人が戦死した(宮本雅史『少年兵はなぜ故郷に火を放ったのか』二〇一五年)。女子学生は五四三名がひめゆり部隊として、救護にあたり、うち二四九名が死亡した。朝鮮人慰安婦、朝鮮人軍夫が何人死亡したのかは、正確には数えられていない。厚生省の記録では、朝鮮人の犠牲者は七〇〇〇人となっている(金元栄『朝鮮人軍夫の沖縄日記』三一書房、一九九二年の訳者、岩橋春美による解説)。

これに対して、五月三一日当時兵員二三万八六九九人を数えた米陸軍第一〇軍の側では、戦死者は七三七四人、負傷者は三万一八〇七人、行方不明は二三九人であった。

沖縄戦において日本軍司令部が立てた目標は、日本軍と島民が一体となって、米軍を迎え撃ち、できるだけ長く戦いを継続し、できるだけ多くの敵兵を倒すことをめざすことであった。米軍の上陸から軍司令部が戦闘をやめるまでがほぼ三ヶ月、さらに一〇日間最後の掃討作戦が行われたことを思えば、沖縄戦は一〇〇日にわたる戦闘を米軍に強いたのであった。本土への攻撃を一〇〇日間遅らせたことがこの戦闘の軍事的な意味であったと本土の大本営は考えた。事実、第一〇方面軍司令官安藤利吉は六月一九日付けで玉砕した第三二軍部隊に対して、「決死勇戦三閲月此ノ間克《ヨ》ク其精強ヲ発揮シ」「甚大ナル損耗ヲ強要シ」「敵艦船ヲ牽制シ」たとの感状を出しているのである（『沖縄方面陸軍作戦』六〇一頁）。しかし、この戦闘で米兵の死者七三七四人に対して、日本軍と島民の側の死者は一八万八一三六人にのぼったのである。「一人十殺」をよびかけながら、一人の敵を殺すのに、二六人が命を落とすという結果を導いた沖縄戦はあまりに非合理的、あまりに非倫理的な作戦であって、行うことが許されない犯罪的な作戦であったといわざるをえない。

沖縄県民はこの戦争で真の苦しみを経験した。襲ってくるのは米軍の機動部隊であり、その攻撃は恐ろしいものであり、「鉄の暴風」と表現されている。米軍には、住民と軍とを区別し、住民の被害を減らすような作戦を考えようとした動きもあったが、実行されることはなく、あらゆる敵を許さず、皆殺しにする作戦が行われた。水の中に入れると爆発する黄燐弾が使われ、火災を起こし、焼き殺した。ガマ（避難所に使われた洞窟）、壕内にひそむ者に対しては火炎放射機が使用された。米軍は捕虜となった民間人を保護したといわれているが、戦闘直後の異常な精神状態の中では、捕虜の男子を銃殺し、女子を「かたっぱしから強姦の対象」としたケースも報告されている。米軍はまさに鬼のように恐ろしい敵であった。地獄のような戦争を経験し、肉親を失い、家を焼かれ、かろうじて生き残った人々はながく心的傷害（ＰＴＳＤ）をのこすことになった。米軍に対する恐怖心である。もとよりこの民間人をも焼き殺す戦争に参加した米軍兵士にも一生消えることのない心的傷害がのこったことが報道されている。

さらに深刻であったのは敗北の過程で沖縄県民は一緒に戦っていたはずの日本軍からさまざまなむごい仕打ちをうけたことであった。住民を壕から追い出す、住民から食べ物を奪う、泣き声を出すと言って嬰児の殺害を強いる、スパイではないかと言って殺害する、集団自決を強要する等々である。日本軍の仕打ちは沖縄島民に深い絶望感を与えた（以上は、『沖縄県史』の別巻『沖縄戦記録』一九七一年、それをもとにした名嘉正八郎・谷川健一編『沖縄の証言』上下、中公新書、一九七一年による）。

「鉄の暴風」は天皇の玉音放送でとめられたわけではなかった。沖縄県民には八月一五日は存在しない。生き残った県民にとって、戦争は自らの意志による命がけの投降によってはじめて終えられたのである。天皇の玉音放送は本土の国民にも、朝鮮、台湾の植民地の民にも、ひとしく大きな意味をもったのであるが、沖縄県民にとってはいかなる意味ももたなかったのである。その意味で沖縄県民の意識には親天皇的な要素はみじんもない。

沖縄県民は必死の努力で島ぐるみの防衛戦を戦ったが、そうであるだけに、終わったあとに残ったのは、この戦争はまったく無意味なことだという確信だった。米軍に対する恐怖、日本軍に対する怒りの感情とともに、自分たちの献身を裏切られた悔しさ、この戦争に進んで参加した自分たちに対する屈辱感が生まれた。そこから戦争はしてはならない、そしてすべての軍隊は悪だという徹底した深い反戦・反軍の意識が結実してくるのである。その意識は反米、反日の色合いをおびており、いかなる意味でも親天皇的性格はもたなかった。

沖縄戦の過程で、六月八日、御前会議は、「挙国一致皇土決戦」の方針を決定した。一億玉砕の決意である。しかし、沖縄の壊滅は日本政府内部の和平派に恐怖をあたえ、天皇の聖断による降伏への動きが加速してくる。他方で、米軍と米国政府も沖縄戦の経験から、日本本土上陸作戦がどれほどの犠牲をもたらすかを恐れはじめた。その恐れは原子爆弾の開発を急がせたのである。

だが、決定的なことは、日本の軍と政府は沖縄の壊滅のあと、ただちに沖縄を切り捨てる方向へ向かったことである。「沖縄県民斯ク戦ヘリ　県民ニ対シ後世特別ノ御高配ヲ賜ランコトヲ」と打電して、死んでいった海軍沖縄根拠地隊司令官、海軍中将太田実の叫びは顧みられなかったのである。

そのような考えはすでに沖縄戦のさなかに現れていた。参謀本部第一二課（戦争指導）で対ソ施策意見書を作成していた課長代行種村佐孝大佐は四月二九日、次のように書いている。「日ソ戦絶対回避」のためには、ソ連側に多くをあたえなければならない。ソ連に「言いたい放題」にさせるのもやむをえない、日本は「満州や遼東半島や或は南樺太、台湾や琉球や北千島や朝鮮をかなぐり捨てて、日清戦争前の態勢に立還り」、日ソ戦を回避しなければならない。つまりアメリカが攻撃中で、早晩陥落する沖縄は米国に譲ってもかまわないという考えなのである(『敗戦の記録　参謀本部所蔵』原書房)。

当然ながら、沖縄陥落、米軍占領後には、沖縄切り捨ては確定方針となった。七月一〇日、和平派が動いて、政府は近衛文麿を天皇の特使としてソ連に派遣することを決定した。このとき近衛のブレーン陸軍中将酒井鎬次が作成し、天皇の承認をえた対ソ譲歩案には、「国土に就ては、なるべく他日の再起に便なることに努むるも、止むを得ざれば固有本土を以て満足す」という内容が含まれた。「固有本土の解釈については、最下限沖縄、小笠原島、樺太を捨て、千島は南半部を保有する程度とすること」とあった(矢部貞治『近衛文麿』下、弘文堂、五六〇、五六二頁)。種村案と同様に、沖縄を切り捨てる考えであった。

米軍は沖縄に侵攻すると、ただちに占領した土地に基地をつくりはじめた。いまだ戦闘中に、占領した日本軍の中飛行場を拡張し、四五年六月には二二五〇メートルの滑走路を完成させている。これは嘉手納飛行場と名付けられた。さらに宜野湾村にも、村の中心部、役場や小学校、集落があったところに、同じく四五年六月から二四〇〇メートル級の飛行場の建設がはじめられた。日本本土爆撃のための飛行場であった。これが普天間飛行場となるのである。村民が収容所を出て、村に帰ると、もう村は飛行場になっており、あたらしい島の主人米軍によって割りあてられた別の土地に住むほかなくなった。

沖縄はアメリカ軍が占領し支配する土地として、敗戦の後の日本の政治の中から姿を消すのである。その結果、極限的に過酷な戦争体験をへた沖縄島民はそのまま本土の日本国民と切り離され、その戦争経験は戦後日本の再建に生かされることがなかった。沖縄県民の戦争体験が日本国家の運命を左右するところに登場してくるのは実に敗戦後七〇年の歳月をへた現在である。

2　本土の空襲戦が生む意識

沖縄をのぞく本土の国民は空からのB29による爆撃と、艦載機による機銃掃射、米海軍の艦砲射撃をうけた。米軍はマリアナ諸島を占領すると、ここに空軍基地をつくり、一九四四年一一月から本土空襲を本格的に開始した。空襲ははじめは軍需施設に対する精密爆撃であったが、四五年二月からは、ハンセル准将に代わって第二〇航空軍第二一爆撃軍の指揮官となったカーチス・ルメイ少将が焼夷弾による夜間の絨毯爆撃、都市住民に対する無差別攻撃を開始した。沖縄侵攻作戦が開始される直前の三月九日から一〇日にかけての夜、東京に対する大空襲が行われた。三三四機のB29の爆撃で二〇〇〇トンの焼夷弾が投下され、首都の約二五%が焼かれ、八万三七九二人が死亡、四万九一八人が負傷した。これは非戦闘員である一般市民に対する大量虐殺であると言っていい。このような空からの戦争は日本が中国の重慶に対して行い、連合軍がドイツのドレスデンに対して行ったことが知られている。カーチス・ルメイはドレスデン爆撃作戦の指揮官として、その爆撃の効果を確認して、日本に適用したのである。

空襲は沖縄戦のさなかも、沖縄戦のあとも、猛烈につづいた。東京に対しても、くりかえし、攻撃が行われ、その後は名古屋、横浜、大阪、神戸、川崎などの大都市に対して、絨毯爆撃が行われた。名古屋では一三回の空襲で七七四五人の死者が出た。大阪は二〇回の空襲で死者は一万七〇一七人にのぼった。神戸は三回の空襲で、死者は七四九一人、川崎は二八回の空襲で、死者五九二九人を出した（平塚柾緒編著『日本空襲の全貌』洋泉社、二〇一五年）。これらの都市がほぼ壊滅すると、空襲の矛先は、全国の地方都市に向けられた。北は釧路から南は鹿児島まで、空襲によって焼失した本土の都市は一一九以上であると言われている。

東日本をとってみても、釧路では七月一四日の空襲で死者一八三人、同じ日、根室で死者一九九人、一五日には室蘭で死者四二七人、青森は七月二七日の空襲で死傷者一七六七人、釜石は七月一四日の艦砲射撃で死者四二三人、仙台は七月一〇日の空襲で死傷者九〇一人、日立は六月一〇日の空襲で死者一五〇〇人、水戸は八月二日の空襲で死者三〇〇人、宇都宮は七月一二日の空襲で死者六二〇人、熊谷は八月一四日の空襲で死者二五〇人、千葉は六月一〇日の空襲で死者三九一人といった具合である（同上）。ここに上げただけで、死者は六九六一人にのぼる。

私が住んでいた日本中部の静岡県では、西の浜松市が六月一八日に空襲を受け、死者二二七〇人が出た。続いて県庁所在地、静岡市が六月二〇日に空襲を受け、死者一八一三人が出た。半月後、私の町、清水市は七月六日に空襲をうけ、市の五二％が焼けた。米軍の資料によれば、B29一三九機が来襲し、焼夷弾一万四九九七発、一〇二九トンを投じたのである。死者三〇七人、重傷者三五三人が出た。私と両親は家の裏の小さな庭に掘った防空壕の中でこの爆撃に耐えた。焼夷弾の一発は裏の農家の畑に落ち、次の一発は私の家の表の塀すれすれに落ちた。家が燃えれば、防空壕の中のわれわれも逃げ場を失って、あぶないところであった。「燃え上がった全市の火で空は真っ赤であった。防空壕からのぞくと、その真っ赤な空をB29が銀色に輝いて飛びすぎて行くのがみえた。この世のものとはおもえない、美しい光景だった。飛び立って迎撃する味方の戦闘機は見えず、高射砲の応戦もまったくなかった」(和田『ある戦後精神の形成』四二～四三頁)。清水の次には、県東部の沼津市が七月一七日、空襲をうけ、死者二七四人が出た。だから、静岡県の四大都市では空襲で、四六六四人が死んだのである。

艦砲射撃は、沖縄の陥落後制海権をにぎった米海軍が本土沖合に接近して行ったものである。太平洋岸の一〇都市が砲撃をうけた。私の住んでいた清水は七月三一日の夜砲撃を受け、四四人が死んだ。艦砲射撃は警報なしに突如はじまるもので、空襲よりも恐ろしかった。B29の爆撃も、艦砲射撃も、殺される日本人にしてみれば、敵の姿をみることなく、殺されるのであり、さながら空から雨が降るのと同じ自然現象のように感じられるのであった。

他方では、戦争の末期には、艦載機グラマンが日本近海に進出した航空母艦から飛来して、市民に機銃掃射を加えた。この場合は、人々は自分をねらって、機銃を撃つアメリカ人飛行士の顔を認識した。機銃掃射は敵がわかる攻撃であり、憎しみがわく攻撃であった。

もっとも重要なことは、大本営の決定により、これらの空襲に対する迎撃は、本土決戦に備える航空機温存策のために、ほとんどなされなかったことである（林三郎『太平洋戦争陸戦概史』岩波新書、一九五一年、二六〇〜二六一頁）。大都市の周囲では高射砲が撃たれたが、効果はほとんどなく、米軍機は完全に本土上空の制空権をにぎり、自由に飛来し、自由に爆弾を投下して、自由に去った。日本の都市と国民は全く無防備のもとに置かれたのである。

かくして日本国民は、空襲開始以後、ほとんど軍による保護を感じることなく、見放された状態にあった。このおそるべき状態の中で、日本国民の中に生まれたのは、軍に対する不信であった。

関東地方への空襲を経験した作家大佛次郎の日記は連日の米軍機の来襲を記録し、それに対する感想を書き留めた貴重な資料である（『大佛次郎敗戦日記』草思社、一九九五年）。

「昭和二〇年二月十七日

朝七時過ぎ予期の如くにして警報出づ。昨日と同じように幾編隊に分れ入り来たるものなるも東部軍管区情報昨日よりも要領を得ず。味方の邀撃についても一言もなければただ敵が自由に出入りしている観あり」（一五二頁）。

「三月五日　曇　雨となる

（……）○昨夜の空襲、十機ばかり一機ずつ糸の如く連続して入り来たる。探照灯も光らず高射砲も鳴らず。ただ不安と腹立しき思いすと石塚鈴木〔ママ〕の話さもあるべしと信ず。このところ味方は全然消極的也」(一六二頁)。

「六月を終ろうとして

今夜にも襲われるかも知れず最悪の場合すら予想せられる状態で人が毎日毎日を生活しているのである。(……)中央だけが本土決戦でいきり立ち、また現実の圧迫が刻々と加わりつつある。近接兵器の増産という声がさかんに取上げられているところを見ると、航空機で防ぐことは既に断念し本土へ敵を上げて闘うものと観念をきめたのである。(……)寧ろ敵による徹底的破壊に希望がかかっている。日本はその場合だけ蘇生し回復するだろうと」(二五〇〜二五一頁)。

「七月十九日

(……)一昨夜の水戸日立の艦砲射撃は長野にも響いたそうであるが、このあたりでも判ったそうである。敵にここまで勝手な真似をさせ軍部は沈黙している。毎日[新聞]に本土の制空権我にありと数日前出ていたのを見て変な気がしたとFの談話。一日に千機を下らぬ敵が日本の空を飛び廻っているのである。飛行機は用意あるそうであるが、本土までこう簡単に艦砲射撃を受けるとは軍艦はなくなっている事実を国民に明瞭に感じさせた」(二六七頁)。

「八月七日

(……)自分たちの失敗を棚に上げ、本土作戦を呼号し、国民を奴隷にして穴ばかり掘っている軍人たちはこれに[原爆投下に]どう答えるか見ものである。部外の者を敵視蔑視して来たことの結果がこうも鮮やかに現れて、しかも無感動でいるのが軍人なのである。話が真実ならば国民は罪なく彼らとともに心中するのである」（二九七頁）。

本土空襲の最終段階での八月二日の富山の大空襲は、特高警察が空襲直後市民に対して聞き取り調査を行ったことで知られている。死者は三〇〇〇人、市街地の実に九九・五％が焼失した。

「我々ハ政府ニ騙サレタノダ　政府ハ本土ニ対シテハ　一機モ侵入セシメナイト云ヒ　皆嘘ダッタ」

「前の日、敵がビラで空襲すると言っているのに、何も知らせてくれないものだから、こんなことになってしまったのだ」（三六歳、女性）。

「かのとき、なぜ友軍機が出て、戦わなかったのであろうか。これでは人民がかわいそう」（四五歳、男性）。

「初期防火に敢闘せよと指導したため、これを正面に受けて敢闘したものは皆死んでしまった」（六〇歳、男性）。

「空襲の時は、防空壕に入っていれば大丈夫だといわれていたので、ここへ入れたらこの姿です。夫に申し訳ありません。ここへ入れと言われた人が怨めしい」（三六歳、出征軍人の妻）。

（ＮＨＫニュースウオッチ９、オンライン記事「特集まるごと」二〇一三年八月二一日「富山大空襲　爆撃直後　六八年前の市民の〝本音〟」）

空襲と艦砲射撃の中で日本国民は、威張りかえっていた軍人たちが国外で進めた戦争の結果がいかに恐るべきものであるかを知った。日本軍は無敵であると誇っていたが、銃後の国民の生命、家、財産も守ることができなかったのだ。ここから国民の反軍意識が生まれた。国民がいかに情報から遮断されていたにせよ、この軍隊不信の感情は実質的であり、強烈であった。

本土空襲の頂点が八月六日の広島への原爆投下、八月九日の長崎への原爆投下であった。広島では即死した者を含め五ヶ月以内に約一五万人が死亡した。長崎では死者は約七万人にのぼった。原子爆弾は焼夷弾による絨毯爆撃よりもはるかに残虐な爆弾で、その使用は人道に対する罪と形容するほかない。しかし、広島への原爆投下は、天皇政府を降伏に向かわせるのに影響をもったことは認められる。もっとも、長崎への原爆投下はソ連の参戦にいたり、天皇政府が降伏を決める会議を開催中に行われたもので、必要のない殺戮、新型原子爆弾(プルトニウム型)の人体実験に外ならなかった。なお日本軍は広島で原爆を投下したB29の発するコールサインを確認しており、同じコールサインを発するB29が八月九日長崎に向かったことを察知し、大本営に報告していたにもかかわらず、日本軍はいかなる警報の発令も命じず、大村基地の最新鋭戦闘機「紫電改」による迎撃も行わなかった。この事実は戦後六五年にしてはじめてNHKの取材班によってあきらかにされた(松木秀文・夜久恭裕『原爆投下――黙殺された極秘情報』新潮文庫、二〇一五年)。

これは、日本軍が米軍の空襲から日本の国民を守らなかったという事実のもっとも重大な例をなすというべきである。

こうしたおそるべき空襲は八月一五日の天皇の玉音放送によって終わった。米軍の空襲と艦砲射撃のもとで恐怖の日々をすごした国民のあいだには安堵の感情が広がり、それは天皇に対する一定の感謝の気持ちに進んだと言えよう。

ただし、疎開地で空襲警報の恐怖から解放されていた人々の中には、むしろ敗戦の屈辱感と米軍への恐怖が生まれたようである（西尾幹二『わたしの昭和史1――少年篇』新潮社、一九九八年）。

本土の国民は、戦争は災いだけをもたらした、戦争はしてはならないと考え、このような災いを招いた軍隊、米軍機に立ち向かって守ってくれなかった軍隊に不信をもち、軍隊はいらないと考えるに至った。空襲から反戦、反軍の意識をもった国民は、空襲が天皇の放送で終わったことから親天皇的な意識をもった。

こうして、国民の反軍意識は親天皇的な色合いをおびた。この日本国民の心理的な平和主義が戦後日本の平和主義の基礎をなしている。

二　天皇の標語としての「平和国家」

1　終戦の詔書――「万世の為に太平を開く」

天皇とその周辺が戦争を終わらせるためにどのように動いたかは、多くの研究があり、よく知られている。しかし、この人々が戦後国家づくりのためにどう準備したかという問題には充分な注意が払われてこなかった。

周知の通り、ポツダム宣言は「日本国軍隊ハ完全ニ武装ヲ解除セラレタル後各自ノ家庭ニ復帰シ」と規定し、日本軍の武装解除、兵員の復員を要求している。宣言はまた将来的に維持されるべき産業活動との関連で「日本国ヲシテ戦争ノ為再軍備ヲ為スコトヲ得シムルカ如キ産業ハ此ノ限ニ在ラス」と、再軍備を許さないかのごとき文言をも含んでいる。だからポツダム宣言を受諾することは、軍隊の解散を受け入れることを意味していたが、将来的に軍隊をもつことが許されるのかどうかははっきりしていなかった。しかし、その点は、ポツダム宣言を受諾するかしないかをめぐる政府部内の議論にはまったく影響していないようである。天皇の「聖断」がおりた八月一〇日の御前会議での要人たちの発言にもそれに関わる点はなかった。

この会議で天皇は、いわゆる聖断発言をしたあとに、内閣が「終戦に関する詔書」の準備をしてほしいと述べた。それをうけて終戦の詔書を準備したのは内閣書記官長迫水久常であった（迫水久常『大日本帝国最後の四か月』）。大蔵官僚出身の彼は二・二六事件の際反乱軍人の襲撃をうけた岡田啓介首相の秘書官をつとめていた人で、岡田の娘を妻にしていた。終戦時の和平派の重臣として岡田は、日本海海戦の戦友である鈴木貫太郎首相を支えて、戦争終結のために努力していたが、迫水も同じ心で内閣書記官長として鈴木首相を支えていたのである。迫水は御前会議での天皇の発言を書き留めておき、それを詔書の骨子とするという考えで、作業を進めたと回想している(同上)。その際自らが作成した詔書原案に、「朕ハ堪ヘ難キヲ堪ヘ忍ヒ難キヲ忍ヒ以テ永遠ノ平和ヲ確保セムコトヲ期ス」という一文を書き込んだと書いている。それは天皇が御前会議で、次のように述べたという理解から導かれたというのである。

「わたしは、明治天皇が三国干渉のときになめられた苦しいお気持ちをしのびいまは堪えがたきを耐え、忍びがたきをしのんで、将来の回復に期待したいと念じている。これからの日本は、平和な国として再建しなければならないが、その道はたいへんけわしく、また、長いときを貸さなければならないと思う」。

しかし、御前会議に出席した海軍軍務局長保科善四郎の手記に記録された天皇の言葉は違っている。「大局上明治天皇の三国干渉のご決断の例に倣ひ、忍び難きを忍び、人民を破局より救ひ、世界人類の幸福の為に斯く決心したのである」(『終戦史録』五九九頁)。「人類の幸福」と言っていて、「平和」については述べていない。

御前会議はポツダム宣言受諾の最終回答のために八月一四日にも開かれ、再び天皇の言葉が述べられた。下村海南『終戦秘史』には、鈴木首相の校閲を受けた天皇の「御諚」が引用されており、ここでもほぼ同じ内容が繰り返されている。

「私は明治大帝が涙をのんで思いきられたる三国干渉当時の御苦衷をしのび、この際耐え難きを耐え、しのび難きを忍び、一致協力将来の回復に立ち直りたいと思う」(『終戦史録』七〇一頁)。

こういう天皇の言葉からすると、「永遠ノ平和ヲ確保セムコトヲ期ス」という言葉は、天皇の聖断発言から取られたのではなく、むしろ迫水がみずからの判断で案文にもりこもうとしたものと考えるべきであろう。いずれにせよ、「朕ハ堪ヘ難キヲ堪ヘ忍ヒ難キヲ忍ヒ以テ永遠ノ平和ヲ確保セムコトヲ期ス」という一文が加えられるとすると、それは敗戦後の日本の進むべき道として提示される言葉であったことは間違いない。

迫水によれば、自分が書いた詔書の案文は内閣嘱託の木原通雄と小川一平に検討してもらい、その後漢学者川田瑞穂と安岡正篤に仕上げが委ねられた。安岡は、「永遠ノ平和ヲ確保セムコトヲ期ス」という箇所を「以テ万世ノ為ニ太平ヲ開カムト欲ス」と修正した。(『昭和史の天皇』三〇、読売新聞社、一九七六年、三七〇～三七一頁)。

これは宋末の学者、張横渠(張載)の言葉、「天地ノ為ニ心ヲ立テ、生民ノ為ニ道ヲ立テ、去聖ノ為ニ絶学ヲ継ギ、万世ノ為ニ太平ヲ開ク」から採られたのである（吉川幸次郎「心喪の記」『文藝春秋』一九四五年一〇月号）。この修正が決定稿に採用された。なお、安岡はまた「義命ノ存スル所」という一句は、閣議での検討のさい「時運ノ趨ク所」と再修正された（同上、三七二、三八四〜三八五頁）。以上を入れることを提案したが、迫水久常の証言によってみた経過である。ところで、終戦詔書の原案類のファイルが国立公文書館に保管されていることを茶園義男が一九八〇年に発見し、そのことを一九八九年に著書『密室の終戦詔勅』（雄松堂出版）において発表した。茶園は、川田宅にのこされた川田の最初の案文をも合わせて検討し、迫水が詔書の原案を起草したと書いていることを批判して、川田瑞穂が最初の案を作成した、と主張している。この茶園発見の案文は、最近では老川祥一の著書『終戦詔書と日本政治』（中央公論新社、二〇一五年）にカラー刷りで紹介されている。老川は、川田も安岡も御前会議での天皇の言葉を知らないのだから、それを記憶する迫水がなんらかのメモないし下書きを作成し、それをもとに川田が第一稿を書いたのではないかと推測しており、木下道雄の証言も援用している。老川の見方は妥当であろう。

茶園資料、老川の検討を総合して考えると、天皇の発言をもとにした詔書原案を迫水が作成して、まず川田にみせ、川田が忠実に漢文調の文章に書き直した。これが第一案と頭記された資料である。そこでは、問題の箇所は、「朕ハ実ニ堪ヘ難キヲ堪ヘ忍ヒ難キヲ忍ヒ爾臣民ト共ニ黽勉《ビンベン》努力以テ社稷ヲ保衛セムト欲ス」となっている。となると、迫水の最初の案には「永遠ノ平和ヲ確保セム」という言葉はなかったということである。川田はもとめられて、この案にさらに手を入れた。それが川田邸で発見された第一案への書き込み案である。これが清書されたものが第二案と頭記された資料であり、問題の箇所は、「朕ハ実ニ堪ヘ難キヲ堪ヘ忍ヒ難キヲ忍ヒ臥薪嘗胆為ス有ルノ日ヲ将来ニ期シ爾臣民ノ協翼ヲ得テ永ク社稷ヲ保衛セムト欲ス」となっている。「臥薪嘗胆為ス有ルノ日」云々の一句は川田が付け加えたものである。その上でこの第二案が安岡正篤に見せられた。第三案と頭記された資料は第二案に鉛筆で修正がくわえられたものだが、これが安岡の修正である。その際問題の箇所は「朕ハ義命ノ存スル所堪ヘ難キヲ堪ヘ忍ヒ難キヲ忍ヒ、万世ノ為ニ太平ヲ開カムト欲ス」と修正されたのである。

このように見ると、第二案までの「社稷ヲ保衛セムト欲ス」という無内容の決まり文句がいきなり安岡によって「万世ノ為ニ太平ヲ開カムト欲ス」に取り替えられたことになる。これはあまりに唐突である。この修正は文体を整える範囲を完全に超えている。内容上の飛躍である。安岡が独断でこの文章を提案するということは信じがたい。迫水の証言と考え合わせれば、「臥薪嘗胆為ス有ルノ日(……)社稷ヲ保衛セムト欲ス」という部分が問題だとみた迫水が、「永遠ノ平和ヲ確保セムコトヲ期ス」という言葉に置き換えたいと考え、その意を安岡に相談したのではないか、そこで、安岡がそれなら「万世ノ為ニ太平ヲ開カムト欲ス」という文章の方がいいと提案した、と考えるのが合理的だと思われる。茶園も老川もこの問題にはまったく関心をもたず、検討していないが、この点は終戦詔書の核心部分なのである。

迫水の回想では、彼の「永遠ノ平和ヲ確保セムコトヲ期ス」という一句について、安岡が「この部分にきわめて適切にあてはまる」言葉がある（『昭和史の天皇』三〇、三七一頁。迫水久常『機関銃下の首相官邸』三二六頁）として、「万世ノ為ニ太平ヲ開カムト欲ス」を推薦したと一貫して説明している。安岡の言葉を整理した文章の中にも、「「万世ノ為ニ」も「永遠ノ平和」より強く重いと思う」という言葉があって（同上、三〇、三七六頁）、迫水の表現を安岡が変えたということが示唆されている。もっとも安岡正篤自身の証言では、迫水の文章と関係なく、安岡の「野心」から「太平ヲ開カムト欲ス」という言葉を入れたとなっているが（関西師友協会編『安岡正篤と終戦の詔勅』二〇一五年）、私は迫水の案を安岡が生かして、この言葉を入れたとみるのが妥当であろうと考える。

詔書は八月一四日午後の閣議で検討修正された。安岡提案の「義命ノ存スル所」が「時運ノ趨ク所」に変えられた。首相以下大臣たちが「万世ノ為ニ太平ヲ開カムト欲ス」という箇所に特に注目した形跡はない。これが天皇に提出され、認可をうけ、各大臣の連署をえて完成した。それが八月一五日に天皇の朗読の録音放送で発表されたのである。

詔書は全体としてきわめて曖昧な文章に仕上がっていた。まず「米英支蘇四国ニ対シ其ノ共同宣言ヲ受諾スル旨通告セシメタリ」と述べ、アメリカ、イギリス、中国、ソ連に対して降伏したことを明らかにしている。ついで、一九四一年に宣戦布告したのは、「帝国ノ自存ト東亜ノ安定」のためであり、「他国ノ主権ヲ排シ領土ヲ侵ス」ことは自分の志ではなかったとあくまでも戦争の正義を主張している。そして、陸海軍将兵と「一億衆庶」はよく戦ってくれたのに、「戦局必スシモ好転セス」、ついには敵に「残虐ナル爆弾」、原子爆弾を使われ、このままいけば、「民族ノ滅亡」、ひいては「人類ノ文明」も破壊される恐れがあるので、降伏した、と説明している。

ついで、日本の戦争に加わった「東亜ノ解放ニ協力セル諸盟邦」に感謝し、「帝国臣民ニシテ戦陣ニ死シ職域ニ殉シ悲命ニ斃レタル者」とその遺族、「戦傷ヲ負ヒ災禍ヲ蒙リ家業ヲ失ヒタル者」を思い、心を痛めていると表明した。その上で、今後日本の進むべき方向を次の表現で提示したのである。

「惟《オモ》フニ今後帝国ノ受クヘキ苦難ハ固《モト》ヨリ尋常ニアラス爾臣民《ナンジ》ノ衷情モ朕善ク之ヲ知ル然《シカ》レトモ朕ハ時運ノ趨ク所堪ヘ難キヲ堪ヘ忍ヒ難キヲ忍ヒ以テ万世ノ為ニ太平ヲ開カムト欲ス」

「万世ノ為ニ太平ヲ開カムト欲ス」という言葉は難解な言葉であった。二〇一五年八月一日号に新聞各社は玉音放送原盤の公開を機に詔書の現代語訳を競って発表した。朝日新聞は「永遠に続く未来のために平和な世を切り開こうと思う」、毎日新聞は「将来のために平和な世の中を切り開こうと願っている」、読売新聞は「人類永遠の真理である平和の実現をはかろうと思う」と相当に解釈は分かれている。

最後は、国民の忠誠心を信じて、最後まで国民とともにある、国民は道義を立て、最後まで努力することを忘れるなというようなよびかけを行った。

讀賣報知

御親ら御放送 け ふ正午

戰爭終局へ聖斷・大詔渙發す

帝國政府 四國共同宣言を受諾

萬世の爲に太平開かむ

畏し 敵の殘虐民族滅亡を御軫念

神州不滅 總力建設御垂示

詔書

朕深ク世界ノ大勢ト帝國ノ現狀トニ鑑ミ非常ノ措置ヲ以テ時局ヲ收拾セムト欲シ茲ニ忠良ナル爾臣民ニ告ク

朕ハ帝國政府ヲシテ米英支蘇四國ニ對シ其ノ共同宣言ヲ受諾スル旨通告セシメタリ

抑々帝國臣民ノ康寧ヲ圖リ萬邦共榮ノ樂ヲ偕ニスルハ皇祖皇宗ノ遺範ニシテ朕ノ拳々措カサル所曩ニ米英二國ニ宣戰セル所以モ亦實ニ帝國ノ自存ト東亞ノ安定トヲ庶幾スルニ出テ他國ノ主權ヲ排シ領土ヲ侵スカ如キハ固ヨリ朕カ志ニアラス然ルニ交戰已ニ四歳ヲ閲シ朕カ陸海將兵ノ勇戰朕カ百僚有司ノ勵精朕カ一億衆庶ノ奉公各々最善ヲ盡セルニ拘ラス戰局必スシモ好轉セス世界ノ大勢亦我ニ利アラス加之敵ハ新ニ殘虐ナル爆彈ヲ使用シテ頻ニ無辜ヲ殺傷シ慘害ノ及フ所眞ニ測ルヘカラサルニ至ル而モ尚交戰ヲ繼續セムカ終ニ我カ民族ノ滅亡ヲ招來スルノミナラス延テ人類ノ文明ヲモ破却スヘシ斯ノ如クムハ朕何ヲ以テカ億兆ノ赤子ヲ保シ皇祖皇宗ノ神靈ニ謝セムヤ是レ朕カ帝國政府ヲシテ共同宣言ニ應セシムルニ至レル所以ナリ

朕ハ帝國ト共ニ終始東亞ノ解放ニ協力セル諸盟邦ニ對シ遺憾ノ意ヲ表セサルヲ得ス帝國臣民ニシテ戰陣ニ死シ職域ニ殉シ非命ニ斃レタル者及其ノ遺族ニ想ヲ致セハ五内爲ニ裂ク且戰傷ヲ負ヒ災禍ヲ蒙リ家業ヲ失ヒタル者ノ厚生ニ至リテハ朕ノ深ク軫念スル所ナリ惟フニ今後帝國ノ受クヘキ苦難ハ固ヨリ尋常ニアラス爾臣民ノ衷情モ朕善ク之ヲ知ル然レトモ朕ハ時運ノ趨ク所堪ヘ難キヲ堪ヘ忍ヒ難キヲ忍ヒ以テ萬世ノ爲ニ太平ヲ開カムト欲ス

朕ハ茲ニ國體ヲ護持シ得テ忠良ナル爾臣民ノ赤誠ニ信倚シ常ニ爾臣民ト共ニ在リ若シ夫レ情ノ激スル所濫ニ事端ヲ滋クシ或ハ同胞排擠互ニ時局ヲ亂リ爲ニ大道ヲ誤リ信義ヲ世界ニ失フカ如キハ朕最モ之ヲ戒ム宜シク擧國一家子孫相傳ヘ確ク神州ノ不滅ヲ信シ任重クシテ道遠キヲ念ヒ總力ヲ將來ノ建設ニ傾ケ道義ヲ篤クシ志操ヲ鞏クシ誓テ國體ノ精華ヲ發揚シ世界ノ進運ニ後レサラムコトヲ期スヘシ爾臣民其レ克ク朕カ意ヲ體セヨ

御名御璽

昭和二十年八月十四日

各國務大臣副署

忍苦以て國體護持

國運を將來に開拓せん

内閣告諭

読売報知，1945 年 8 月 15 日

つまり詔書は、戦争は正しい戦争であり、朝鮮、台湾の民もふくめた一億の臣民が奮戦したが、原子爆弾まで使われて、敗北した、ポツダム宣言を受諾して、降伏したという歴史認識を示し、これからはあらゆることに堪えて、あくまでも平和を求めていくという決意をのべたのであった。もちろんこの歴史認識はこの詔書までのもので、ポツダム宣言を受諾し、降伏した以上、維持することはできないものであった。

翌日の新聞各紙は、詔書全文を一面トップに報じたが、ひとしく問題の一句に目を向けて、見出しに掲げた。読売報知は「戦争終局へ聖断・大詔渙発す」、「帝国政府四国共同宣言を受諾」と見出しをつけた次に、「万世の為に太平を開かむ」との大見出しを掲げた。朝日新聞も見出しの最後に「万世の為に太平を開かむ」を入れている。この一句に注目せよという迫水書記官長の意向が情報局より各紙に指導された可能性がある。

しかしながら、この部分の意味は玉音放送を聞いた一般国民には、理解されなかった。「堪ヘ難キヲ堪ヘ忍ヒ難キヲ忍ヒ」という部分の印象が強く、国民に苦難を覚悟して欲しいというよびかけとして心にのこったということであったろう。しかし、詔書を読んだ者の中に、少数であるが、この部分において、国家の進路の転換、軍備の撤廃の方向が提示されている、と受け取る者がいた。大佛次郎が日記の中で紹介する彼の知人、軍需省の藁谷大佐の感想である。

「薄々知っていたが聞かぬことにして御大詔の出る十五分前まで仕事を推進しておった、それからは次の戦争にそなえ技術の温存と云うことを思ったが二三日してこれは間違いで日本が全く裸かになることだと御大詔の真意の在りかを初めて悟った、これで勝つのだ、日本のような大国が瑞西《スイス》の如く軍費に労されぬ国として成長すれば世界を驚かすものがあるという」。

この話を聞いて大佛次郎も感想を書きつけている。「例の如く楽天家であるがなるほどそれもそうである」(『大佛次郎敗戦日記』三二六頁)。

終戦の詔書は、当然に連合国側にも伝えられたが、そこに述べられた歴史認識が戦争遂行を肯定する認識である以上、不快感をもって受け止められたのは当然であった。「万世ノ為ニ太平ヲ開カムト欲ス」という箇所は、英語では“We have resolved to pave the way for a grand peace for all generations to come.”と理解しやすく訳されていた(*The New York Times*, 15 August 1945, p.3)。

天皇が連合国側の詔書理解に注意を向けていたことは、八月二三日の重光外相の内奏時の質問にうかがえる。天皇は「朕の放送詔書の内容等に対して敵側の印象悪き理由、其事情如何」と訊いたのである。さらに「日本人の用ふる語葉は外国に通用せざるもの多し。同じ趣旨を外国人にも解る様に説明すること一層肝要なるべし」との意見をも述べている（『続　重光葵手記』中央公論社、一九八八年。『昭和天皇実録』昭和二〇年下）。

2　帝国議会開院式勅語――「平和国家」の提案

八月一七日、降伏とともに総辞職した鈴木内閣に代わって、東久邇宮を首相とする新内閣が成立した。東久邇宮稔彦王とよばれたこの人は皇族として、防衛総司令官、陸軍大将をつとめた最高位の軍人であったが、フランス陸軍大学留学などで七年間フランスで生活し、皇族中もっともリベルな人で、戦争不拡大論者であった。

一九四七年に出た回想では、八月一五日について、「本日、国民はラジオで、はじめて陛下の本当のお言葉の詔勅を聴いた。（……）一部には、軍部の宣伝を信じないで、太平洋戦争の将来は、敗戦のやむを得ないようになるのではないかと、憂いつゝ覚悟していた人もあり、政府が、ポツダム宣言受諾に決したことを、あらかじめ承知していた人もあったに相違ないが、いずれにしても、敗戦、降伏、終戦――のこの事実を、陛下のお言葉で聴いた時は、誰しも種々の感慨にうたれ、私とひとしく、涙をとめ得なかつたことであろうと考えた」と述べている（東久邇宮稔彦『私の記録』東方書房、一九四七年、一一二〜一一三頁）。*

＊一九六八年に刊行された『東久邇日記』の八月一五日の項には、次のようにある。「明治維新当時の小日本に押し込められるわが国民は、今までの過失を今後の戒めとして心機一転、今よりただちに道義と文化の高き民主主義的平和国家としての新日本の建設に発足し、すみやかに戦争による被害を回復しよう。戦争はもうこりごりした。今後は軍備の全廃、戦争の絶滅、世界の平和、人類の幸福に貢献しようとする人類最高の使徒の先駆者となって、努力しようではないか」（『東久邇日記』徳間書店、一九六八年、二〇四〜二〇五頁）。おそらくこの記述は、後世の書き加えであろう。

首相を引き受けると、東久邇宮は内閣書記官長に元朝日新聞主筆の緒方竹虎を任命した。八月一七日首相は施政方針を放送したが、その文案は緒方が書いたものである（高宮太平『人間緒方竹虎』原書房、一九七九年、二五二頁）。施政方針の内容は「陛下の思召しを奉戴し一糸乱れざる足並みを以て難局の打開に進む時全世界は必ずや勝敗を越えて我国体の力の偉大さに驚嘆の眼をみはるであろう」という言葉につきると言っていい。万邦共栄、とくに中国との和解を強調したところが特徴的であるが、文化建設、そのための「建設的なる言論の洞開」、「健全なる結社の自由」、国民の厚生問題、とくに衣食住についての配慮など、ごく穏健な政策変更が触れられていたにすぎない（『読売報知』一九四五年八月一八日）。

緒方は内閣顧問に元関東軍参謀で、予備役に編入されていた石原莞爾を招こうとしたが、石原は拒絶した。しかし緒方は石原の意見を聞き、東久邇宮首相の方針に組み入れようとした。

石原の談話は『読売報知』八月二八日号に掲載されるが、その談話とこの日、八月一七日午後に行われた東久邇宮首相の記者会見とは内容上一致するところが少なくなかった。東久邇宮首相は「政府、官吏、軍人自身がこの戦争を知らず識らずに敗戦の方に導いたのではないか」、「国民道義の低下といふことも敗因の一つと考へる」として、有名な一億総懺悔論を出した。これは石原の影響を受けた主張であった。つぎに食料増産のため、「国民皆農」を主張しているが、ここにも石原の影響が認められる。第三には言論を活発化させることを主張し、特高警察の自粛是正を主張しているのも、石原の主張を弱めて採用しているのである。

最後に東久邇宮首相は隣邦との親交を主張し、「日本民族は今まで戦争に全力を尽くしていた。この際心機一転しわが民族の全智全能を人類の文化に傾注し世界人類の進歩発展に努力貢献するならば、（……）わが国民の将来における光明と希望は輝けるものと確信する」と述べている（『読売報知』一九四五年八月三〇日）。石原の考えにも通じるものだが、これは東久邇宮自身の信念からきた表現であろう。

八月三〇日、マッカーサー連合軍総司令官は主力部隊とともに厚木へ到着した。そして、九月二日、東京湾のミズーリ号艦上で天皇と政府の代表として重光葵外相は降伏文書に調印した。降伏文書には、「「ポツダム」宣言ノ条項ヲ誠実ニ履行スルコト並ニ右宣言ヲ実施スル為聯合国最高司令官（……）ガ要求スルコトアルベキ一切ノ命令ヲ発シ且斯ル一切ノ措置ヲ執ルコトヲ天皇、日本国政府

（……）ノ為ニ約ス」が明記されていた。したがって、これ以後、ポツダム宣言が表現する歴史認識、「吾等ハ無責任ナル軍国主義ガ世界ヨリ駆逐セラルニ至ル迄ハ平和、安全及正義ノ秩序ガ生ジ得ザルコトヲ主張スルモノナルヲ以テ、日本国国民ヲ欺瞞シ、之ヲシテ世界征服ノ挙ニ出ヅルノ過誤ヲ犯サシメタル者ノ権力及勢力ハ永久ニ除去セラレザルベカラズ」は天皇と日本政府に義務的なものとなったのである。もはや終戦の詔書の歴史認識はくりかえしてのべることはできないのである。

その二日後の九月四日、帝国議会が開院された。敗戦後最初の議会開院式に天皇は臨席した。天皇は石渡宮内相、蓮沼侍従武官長をひきつれて、議会に到着し、東久邇宮首相以下全閣僚に迎えられた。天皇は、正規の軍服姿で、胸に大勲位金鵄勲章をつけて、玉座に立ち、首相が差し出した勅語書をうけとり、朗読した。これは終戦の詔書が放送によって伝えられたのと異なり、帝国陸海軍の最高統帥者として敗戦後国民の代表である議員に向かって、全身をさらしてその意志を述べたものであった。

「朕ハ茲ニ帝国議会開院ノ式ヲ行ヒ貴族院及衆議院ノ各員ニ告ク
朕已ニ戦争終結ノ詔命ヲ下シ更ニ使臣ヲ派シテ関係文書ニ調印セシメタリ
朕ハ終戦ニ伴フ幾多ノ艱苦ヲ克服シ国体ノ精華ヲ発揮シテ信義ヲ世界ニ布《シ》キ平和国家ヲ確立シテ人類ノ文化ニ寄与セムコトヲ冀《ネガ》ヒ日夜軫念《シンネン》措《オ》カス此ノ大業ヲ成就セムト欲セハ冷静沈着隠忍自重外ハ盟約ヲ守リ和親ヲ敦《アツ》クシ内ハ力ヲ各般ノ建設ニ傾ケ挙国一心自彊《ヤ》息マス以テ国本ヲ培

養セサルヘカラス軍人遺族ノ扶助傷病者ノ保護及新ニ軍籍ヲ離レタル者ノ厚生戦災ヲ蒙レル者ノ救済ニ至リテハ固ヨリ万全ヲ期スヘシ

朕ハ国務大臣ニ命シテ国家内外ノ情勢ト非常措置ノ徑路トヲ説明セシム卿等其レ克《ヨ》ク朕カ意ヲ体シ道義立国ノ皇謨《コウボ》ニ則リ政府ト協力シテ朕カ事ヲ奨順シ億兆一致愈〻奉公ノ誠ヲ竭《ツク》サムコトヲ期セヨ」(『読売報知』一九四五年九月五日)。

この勅語の起草過程については不明であるが、八月一五日以降、天皇の敗戦後の第一声が準備されてきたのはたしかであろう。迫水久常はすでに官邸を去っていたので、こんどは、準備は天皇の周辺、宮内省で進められたのであろう。すでに見たように、終戦の詔書に対する内外の反応に対して敏感になっていた天皇と周辺の人々が、もはや戦争遂行の歴史認識に触れないのは当然として、これから平和をめざす天皇の決意をより明確に示そうと考えたことはありえないことではない。

木戸内大臣は、九月一日の日記に「(宮内省の)加藤総務局長が来室、開院式勅語案について相談あり、同意す」と記している(『木戸幸一日記』下巻、一二三二頁)。加藤総務局長とは、六月三〇日に宮内大臣室で、松代大本営の設備について視察報告をした加藤進主管と同一人物である(同上、一二一四頁。『宮内省職員録　昭和十八年』)。八月一五日当時は総務局長に上がっていて、玉音放送のために働いたことが知られている。この九月一日、木戸はこの後、天皇に拝謁している。日記には、「政府決定事項に関する御疑問につき御説明申上ぐ」とある。石渡荘太郎宮内大臣もこの日二回天皇に拝謁している。石渡大臣は二日にも、三日にも拝謁している。木戸内大臣も三日に拝謁している（『徳川義寛終戦日記』朝日新聞社、一九九九年。『昭和天皇実録』昭和二十年下）。宮内省内で用意された勅語の内容が天皇にいくたびか報告され、天皇が意見を述べ、かつ承認を与えたことはまちがいないだろう。

この勅語の中核が「朕ハ終戦ニ伴フ幾多ノ艱苦ヲ克服シ国体ノ精華ヲ発揮シテ信義ヲ世界ニ布キ平和国家ヲ確立シテ人類ノ文化ニ寄与セムコトヲ冀ヒ日夜軫念措カス」という一節であることは明らかである。この一句も宮内省関係者と天皇の合意によってもりこまれたのである。終戦の詔書の「万世ノ為ニ太平ヲ開カムト欲ス」は難解な漢文であったのにくらべて、「平和国家ヲ確立シテ」は平易な日本語であり、万人に理解されるはずの提言であった。そして「平和国家」を提言したということは、これまでの日本が「戦争国家」であるとし、「戦争国家」から「平和国家」への転換を提案することを意味したのであった。その前提には、ポツダム宣言を受け入れた歴史認識、日本は軍国主義者に誤導され、世界征服の道に立った、無責任なる軍国主義を実践して戦争を行ったという否定の認識が置かれていたと言えるだろう。

これに対して貴族院も衆議院も九月四日の本会議で「勅語奉答文」を採択した。ともに「国体の精華を発揮して真義を世界に布き平和国家を確立して人類の文化に寄与せむ」との内容をくりかえしている。貴族院は「聖慮の深遠なる洵に感激に勝《た》へず」と言葉をそえている。さらに貴族院はこの日「聖旨奉体に関する決議」をも採択したが、その中で「荊棘を開き平和日本建設の道に邁進し

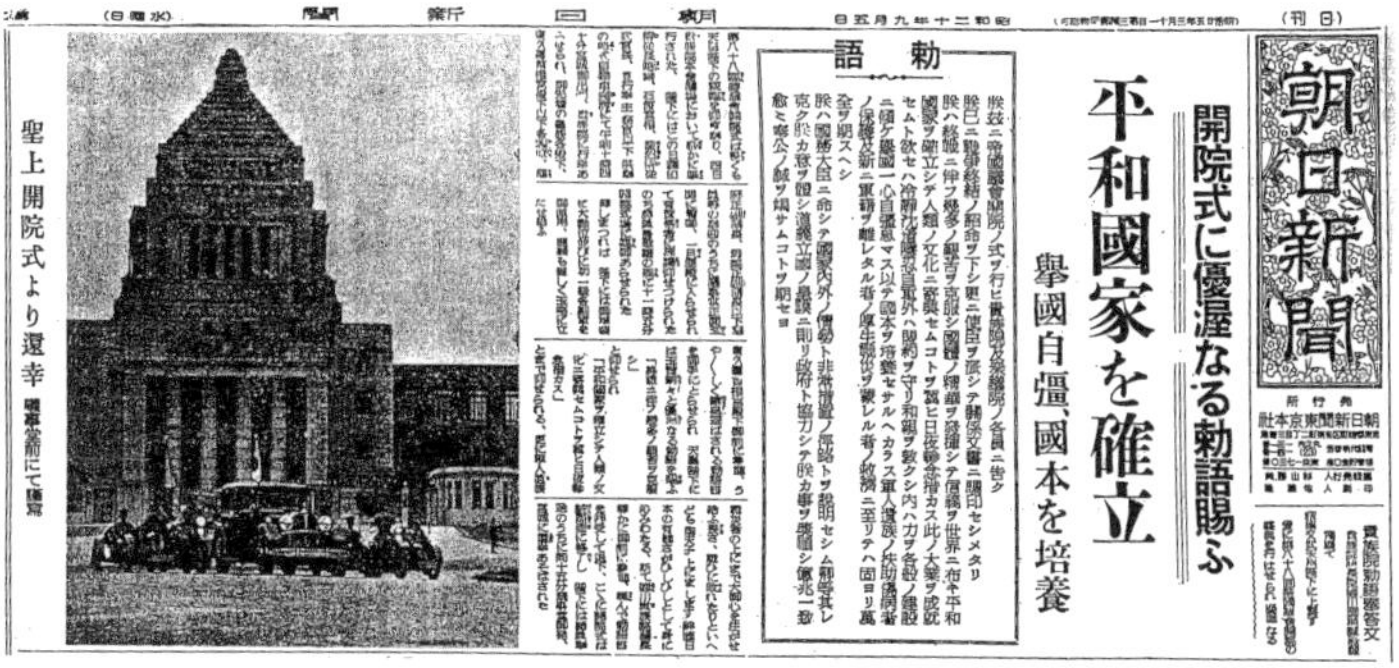

朝日新聞

昭和二十年九月五日

開院式に優渥なる勅語賜ふ

平和國家を確立

擧國自彊、國本を培養

勅語

朕茲ニ帝國議會開院ノ式ヲ行ヒ貴族院及衆議院ノ各員ニ告ク

朕已ニ戰爭終結ノ詔命ヲ下シ更ニ使臣ヲ派シテ關係文書ニ調印セシメタリ

朕ハ終戰ニ伴フ幾多ノ艱苦ヲ克服シ國體ノ精華ヲ發揮シテ信義ヲ世界ニ布キ平和國家ヲ確立シテ人類ノ文化ニ寄與セムコトヲ冀ヒ日夜軫念措カス此ノ大業ヲ成就セムト欲セハ冷靜沈着隱忍自重外ハ盟約ヲ守リ和親ヲ敦クシ内ハ力ヲ各般ノ建設ニ傾ケ擧國一心自彊息マス以テ國本ヲ培養セサルヘカラス軍人遺族ノ扶助傷痍者ノ保護及新ニ軍籍ヲ離レタル者ノ厚生戰災ヲ蒙レル者ノ救濟ニ至リテハ固ヨリ萬全ヲ期スヘシ

朕ハ國務大臣ニ命シテ國家内外ノ情勢ト非常措置ノ經過トヲ說明セシム卿等其レ克ク朕カ意ヲ體シ道義立國ノ昌謨ニ則リ政府ト協力シテ朕カ事ヲ奬順シ億兆一致愈ミ奉公ノ誠ヲ竭サムコトヲ期セヨ

聖上開院式より還幸 議事堂前にて撮影

朝日新聞，1945 年 9 月 5 日

内は万古不易の国体を護持し外は世界平和の招来に寄与し以て聖恩の万一に報い　叡慮を安んじ奉らむことを期す」と述べたのである。

翌五日朝の新聞各紙は勅語を大々的に報じた。『読売報知』は一面トップに「平和国家確立の大業に／挙国一心国本を培《つちか》へ」と大見出しを立てて報じた。「議会展望」の欄では、「畏《かしこ》くも開院式の御勅語に「平和国家ヲ確立シ」と宣示され給うた、この御趣旨に如何に副ひ奉ることが出来るかについて議会は再思三省しなければならない」と書いている。『大阪毎日新聞』も「平和国家確立を御昭示」と大見出しを立て、「皇国史の第一ページは開かれた。全世界注視のうちに行はれた四日の開院式に親臨遊ばされた天皇陛下は畏くも一億蒼生がよつてもつて邁進すべき帝国最高の大道を宣示し給うたのである」とリードを書いている。

『朝日新聞』も一面トップでこれを報じ、「平和国家を確立」と大見出しを立て、社説「平和国家」を掲載した。そこには次のようにある。

「すべてで敗れた日本は、また再び戦争を考へるほど愚かものではない。精神に生きよう。文化に生きよう。学問に、宗教に、道義に生きよう。欧亜にまたがるかくの如き大戦の惨禍を未来永劫世界より絶滅するための一助言者として生き抜かう。これが、佯《いつ》はらざる日本人の心理であり、新日本の真姿である。開院式の御垂示に「平和国家」と宣《のたも》うた。然り、平和国家の平和なるみ民として、断じて敗るることなき文化と精神の大道を歩み出さうとしているのだ。このコペルニカス的大転回は、(……)日本人の外は中国人が些か理解し得る外は、国際的になかなか腑に落ちないかも知れぬ」。

「民本の、君臣一体のわが国に独裁者気取りの指導者の介在することを衷心より嫌悪してゐたのだ。それらのものは戦争犯罪者として処断されるに先だつて、全大衆の痛烈なる審判に包囲されてゐるのだ」。

『毎日新聞』も同じく一面トップに「平和国家の確立へ」の大見出しをすえ、その前に「畏し開院式に勅語賜ふ」、後ろに「帝国再興の大道宣示」という言葉を添えた。コラム「硯滴」には、「「平和国家」建設のために「挙国一心自彊息マス、以テ国本ヲ培養セサルヘカラス」とは、これからの国民的努力精進の大目標を御諭し遊ばされた御言葉である。幸にして、平和国家の思想的基礎はまだ崩れていなかった」とある。朝日新聞とは、やや違うニュアンスであるが、「平和国家建設」

と書いたのはこれが最初である。

天皇の勅語は日本国内の新聞に報道されただけではない。日本政府は横浜の米第八軍司令部に通知を送って、開院式に連合国従軍記者を招いていた。五日の『ニューヨーク・タイムス』は、「ヒロヒトは日本の復興を約束する」という記事の中で、「ヒロヒトは日本国民の再生のためのプログラムを簡潔に打ち出した。日本に対する天皇の願望と約束は次の核心部分に含まれていた」と述べて、次の文章を掲載した。

> "It is our desire that our people will surmount this manifold hardships and trials attending the termination of the war and make manifest the innate glory of Japan's national policy, win the confidence of the world, establish firmly a peaceful state and contribute to the progress of mankind, and our thoughts are constantly directed to that end." (*The New York Times*, 5 September 1945, p.3)

勅語の全文は「ヒロヒトの議会へのメッセージ」として別項でも紹介されている。天皇の「平和国家の確立」という標語は、"establish firmly a peaceful state"として、連合国、アメリカにも伝わったのである。

だが天皇の「平和国家の確立」という標語の提示がすべての新聞で大々的に紹介されたにもかかわらず、国内の一般の政治家も、知識人も、国民もこの時点ではまったく反応を示さなかった。当時人々がつけていた日記がのちに「敗戦日記」「終戦日記」などとして多く出版されているが、そのほとんどすべての日記の九月四、五日の項にはこの勅語についての記述がない。『高松宮日記』には「一〇二五議会（一一〇〇開院式、第三種軍装、長剣、略綬）」とあるだけである（第八巻、一四一頁）。近衛内閣で商工大臣をして、一九四一年から貴族院議員をしていた小林一三の日記には、「開院式は十一時半無事にすんだ。……勅語のお言葉もいつもの如くさへぐとしていらせられないやうに思はる、のも、我々の沈鬱にもとづくものであらう」とある（『小林一三日記』第二巻、二七五頁）。

議員では、斎藤隆夫も芦田均も、開院式があったと書くだけである（『斎藤隆夫日記』下巻、五八七頁。『芦田均日記』第一巻、二一三頁）。毎日新聞の記者、森正蔵は病気療養中だったが、九月四日は「第八十八議会の開院式が行はれた」とだけ書き、翌日の項では新聞の報道ぶりにもまったく反応していない（『あるジャーナリストの敗戦日記』五〇～五一頁）。作家高見順は、九月四日の項に「今日、議会開院式」と書いたあと、トルーマンのラジオ演説を長く引用している。九月五日の項では「鎌倉の八百屋で本を売っていた！　野菜は売っていない」と書いて、その日の各紙の「平和国家」勅語報道をまったく無視している（高見順『敗戦日記』中公文庫、三四六～三四七頁）。

航空機生産に関与した東京帝国大学教授富塚清の日記の九月五日の項は、「台風は、無事退去」から始まって、「毎日毎日の芋とカボチャで腹ががらがらする」と書いていて、「夕食は、また、カボチャと雑炊とである」と終わっている（富塚清『ある科学者の戦中日記』中公新書、二〇三～二〇四頁）。するどい時代観察力をみせている学者柳田国男の日記は、九月二日の項では「降伏条約調印の報をきき浩嘆す。大きな歴史なり」と書いているが、九月五日の項には、議会開院式の報道にまったく注目せず、九月六日になって、「昨日から議会のようすをラジオできく、誰の話もそわそわして心がかり」と書いているだけである（柳田国男「炭焼日記」『昭和戦争文学全集』14、集英社、三一九〜三二〇頁）。

政治の中枢に近い人々も、政治から遠く、生きるのに必死であった人々も、天皇がこの段階で何を言うかについて、また新聞の大げさな見出しについて、まったく関心を示さなかったのである。天皇の「平和国家」のよびかけはこの時点では国民に無視されたといわざるをえない。

だがこの時点で、例外的に天皇の勅語に注意を向けて、論評した人物がいた。徳富蘇峰である。彼は大東亜戦争の中心的なイデオローグで、天皇の開戦の詔書の作成にも関与し、文学報国会、大日本言論報国会の会長をつとめてきた。九月五日午後彼は天皇勅語の問題の箇所について次のように書いている。

「これから平和国家を確立するという意味にて、『平和国家ヲ確立シテ』と仰せられたのであろうが、果して然らば、これ迄の日本は、平和国家でなかったか。平和国家でないとすれば侵略国家であったか。それではスターリンが我国を罵って、侵略国家といった事を、正《ま》さしく裏書したものといわねばならぬ。我々の考えでは、日本は開闢以来平和国家であり、ただその平和は他力平和でなく、自力平和の国家であった。自力平和の国家であるが為めに、その平和を妨害する、他の侵略者に対しては、これと闘争し来たったのである」（『徳富蘇峰終戦後日記』講談社、二〇〇六年、一〇〇～一〇一頁）。

蘇峰は「平和国家の確立」という天皇の新標語の決定的な転換的な意味を感じ取ったのである。天皇が「戦争国家」から「平和国家」に変わろうと呼びかけているものとみたのである。その理解は正確だった。

彼がこの転換に反対して、対置した歴史認識は典型的なものであった。五〇年戦争をしてきた日本はもとから「平和国家」であったのであり、平和のために戦争をしてきたのだと言うのである。その上で新しく提案されている「平和国家」について、非武装国家は「丸腰国家」「宿借蟹」（やどかりがに）、「寄生虫的国家」だと罵倒した。そして書いた。

「一億近き七、八千万の寄生虫的国家というものは、恐らくは世界ありて以来、日本が破天荒であろう。かくの如き国家を確立するのが、平和国家を確立するものというべきや否や。またかくの如き寄生虫的国家を以てして、『人類ノ文化ニ寄与』することが、出来得べきや否や」（同上、一〇一頁）。

蘇峰のこの議論の中に、以後「平和国家」を支持する者とそれに反対する者との間に起こる本質的な対立、決定的な論理の対置があった。

天皇勅語による「平和国家確立」という標語の提示は、これまでわが国の歴史家によってほぼ完全に無視されてきた。代表的な戦後史の叙述で、このことについて触れているものはない。歴史家は概して左派的であり、天皇に批判的であったから、「平和国家」の標語が天皇によって提起されたことを認めたくなかったのかもしれない。他方で、保守的なもの書きたちも、この点に触れようとしなかった。加瀬英明が『週刊新潮』に連載し(一九七四〜七五年)、のちに単行本で出版された『昭和天皇の戦い　昭和二十年一月〜昭和二十六年四月』(新潮社、一九七五年。新版、勉誠出版、二〇一五年)も、帝国議会開会式勅語自体に触れていないし、「平和国家確立」という標語について語ろうとしなかったのである。二〇〇三年に私が最初にこのことを指摘したあとも、事態はながく変わらなかった。ようやく、二〇一五年にいたり、上丸氏や古関氏たちが、このことを積極的に語りはじめたことはすでに見た通りである。

ところで、九月五日の議会では、東久邇宮首相が所信表明演説を行った。これも緒方竹虎が起草したもので、天皇の承認をえたテキストであった(『木戸幸一日記』下巻、一二三二頁。『徳川義寛終戦日記』二九四頁)。その演説の中では、つぎのような箇所が目を打った。

「一切の蟠《わだかま》りを去つて虚心坦懐、列国との友誼を恢復し、高き志操を堅持しつゝ、長を採り短を補ひ、平和と文化の偉大なる新日本を建設し、進んで世界の進運に寄与するの覚悟を新にせんことを誓ひ奉らねばならぬと存する。

私はこの有難き大御心に副ひ奉ることを唯一の念願として、これを施政の根本基調として粉骨砕身の努力を致し、国民諸君の先頭に立ち、平和的新日本の建設の礎たらんことを期し居る」。

「我々は愈々決意を新にして将来の平和的文化的日本の建設に向つて邁進せねばならぬと信ずるのであつて、全国民が尽く一つ心に融和し、挙国一家、力を戮《あは》せて不断の精進努力に徹するならば私は帝国の前途はやがて洋々として開けることを固く信じて疑はぬ次第である」(『読売報知』一九四五年九月六日)。

「平和と文化」の新日本建設、「平和的文化的日本の建設」ということがくりかえされたので、聞く者は分かりがいい文化の側に力点を置いて、受け取ることになった。『読売報知』は見出しを「いざ文化日本建設へ」とつけ、『朝日新聞』も「万邦共栄 文化日本を再建設」と見出しをつけたのである。

こうして天皇の議会開院式勅語がよびかける「平和国家確立」と東久邇宮首相がよびかける「文

化日本建設」の二つが敗戦日本のめざす目標として政府から押し出されたのである。もとよりその内容は定義されておらず、曖昧なままであった。

3　天皇の外国人記者質問への回答——非武装の道

天皇と天皇周辺、宮内省が「平和国家確立」なる標語を掲げたことについては、天皇自身の戦争に対する批判、軍部に対する不信もこめられていたことはたしかである。天皇と政府がこれらの標語によって敗戦後の国民を団結させようと考えていたのは疑いない。この標語には、また国体と天皇を非軍国主義的、平和愛好的なものとして守ろうとする気持ち、天皇の戦犯訴追を免れたいという動機が含まれていたことも、間違いない。

天皇が平和を訴える次の機会は、九月二七日、天皇がマッカーサー司令官を訪問するという劇的な瞬間につくられたのである。

それはUP通信副社長ヒュー・ベイリーおよび『ニューヨーク・タイムス』記者クラックホーンとの会見にはじまった。クラックホーンが書くところによれば、これは彼の側からの提案にはじまり実現したことであった。クラックホーンは、ワシントンの政治記者時代に会ったことのある近衛文麿に、天皇のメッセージを彼の新聞を通じて米国民に送ったらどうかと提案し、近衛の側近細川護貞らと協議する中で天皇拝謁の希望をも表明した（『マッカーサーの日本』新潮社、一九七〇年、六四頁）。近衛はこの考えを重光葵外相に伝えたが、外相は「容易ならざる企図」として、なかなか賛成しなかった（『続　重光葵手記』二五三頁）。しかし、加瀬俊一が木戸内大臣の秘書課長松平康昌らと文書回答で実施することを推進し（松尾尊兊『戦後日本への出発』九八～九九頁）、九月二〇日、外相が吉田茂にかわると、木戸、石渡、近衛、吉田の話し合いで、実現が決まったのである（『昭和天皇実録』昭和二〇年下）。天皇の回答の原案づくりをしたのは元外相幣原喜重郎であった（松尾、同上、九八頁）。戦争中長く引退していた幣原を呼び出して、この仕事をさせたのは吉田だと考えられる。吉田は翌月東久邇宮内閣の退陣後の後継首相にも幣原を担ぐのである。もとより吉田は、幣原の起草した天皇の回答を読んで、承認したはずである。

この回答は九月二五日付けの『ニューヨーク・タイムス』に掲載された。一面トップに出された見出しは“Hirohito in interview puts blame on Tojo in sneak raid; says He now opposes war”（ヒロヒトはインタビューで東条の卑怯な攻撃を非難し、自分はいまでは戦争に反対だと語った）であり、つづけて“Emperor for Peace”（天皇は平和を望む）、“Says He thinks Japanese can rebuild their lives to avoid future wars”（日本人は将来の戦争を避けるように自分たちの生活を改造することができると語った）、「食糧問題が鍵となるファクターだとした」、「イギリス式の立憲君主制が望ましいと宣言した」であった。最後の質問とそれに対する回答を、まず英文原文で示しておこう（訳文は後出）。

“Does the Emperor himself not feel that the latest weapon of war have made thoughts of future wars intolerable?" was the final question. To this the Emperor replied that he did not believe an enduring peace could be established and maintained at the point of bayonet or by the use of weapons of war. The solution of the problem of peace will lie in the reconciliation of free peoples, both victor and vanquished, without recourse to any armaments, he said."(*The New York Times*, 25 September 1945, p.1-2)

九月二七日、天皇はマッカーサーを訪問した。その訪問は翌二八日の新聞には、ほんの二十数行、簡単に報じられただけだった。そして、九月二九日、天皇とマッカーサーの二人だけでとった名高い写真がGHQから提供されて掲載されるのと合わせて、天皇の米人記者に対する回答が同じ紙面に並べてのせられたのである。日本政府は一時この写真について報道差し止め措置をとったが、GHQが重ねて許可したため、問題の写真が印刷された新聞は世に出されたのであった。マッカーサーと天皇の写真と米人記者の質問への回答とが同じ紙面に発表されたのは、あきらかに計算されたことである。すべてをGHQが掌握していたことは間違いないであろう(同上、九六頁)。

『読売報知』を見てみよう。同紙九月二九日号は一面トップ、ページの右上に天皇とマッカーサーの会見の写真を掲載した。もっとも驚かせたことは天皇が軍服ではなく、西洋式のモーニング姿で立っていたことである。軍事的な勝者であるアメリカ軍の司令官に対して、天皇は敗北降伏した日本軍の統帥者、大元帥としては現れなかったのである。平和国家の確立をめざす非軍事化された天皇の姿がそこにあったということである。その天皇の考えが米国記者との会見報道によって示さ

昭和二十年九月二十九日

讀賣報知

天皇陛下 マッカーサー元帥御訪問

平和保持の御信念

聖上 謁見の兩米記者に御昭示

文化通じ世界寄與

帝國の地位確立へ

立憲君主制下 社會變革御確言

読売報知，1945 年 9 月 29 日

れていた。この記事は写真のとなりに、一面の中央に載せられている。さながら、それが天皇とマッカーサーが話した会話の内容であるかのような印象がつくり出されている。見出しは「平和保持の御信念——聖上謁見の両米記者に御昭示」であり、次の天皇の言葉が伝えられた。

「朕は真珠湾攻撃当日の宣戦の詔勅を東条がそれを用ひたやうな意味でなす心算はなかつた」。

「日本においては立憲君主制が確立されることが望ましい」。

「朕は日本が結局は文化及び文明に対する平和的寄与を通じて各国間における正当な地位を見出すに至るものと思ふ」。

「朕は武力をもつてしては恒久的平和は樹立されもしなければ維持もされないと信ずる、この際日本国民は日本を再び諸国との協同関係に導入し将来の戦争の可能性を除去する能力あることを自ら證明するであらうことを信じて疑はない」(『読売報知』一九四五年九月二九日)。

『大阪毎日新聞』は九月二〇日号にベイリーの謁見記とクラックホーンの記事を載せた。文書回答のトップに「日本は今や新しい平和の道に発足したのであるが、陛下には日本がその目標達成に成功することを御希念あらせられそのためにあらゆる手段を御採り遊ばされるであろう」というベイリーの言葉を報じた。さらにクラックホーンの記事も「恒久平和は非武装――ニューヨークタイムス記者に御回答」という見出しのもとに紹介された。その中で「恒久平和は銃剣の威嚇か武器の使用によつて達成維持されるものとは考へられない。平和問題を解く鍵はどんな武器も使用せぬ勝者、敗者をともに含めた国民間の和協にある」という天皇の回答が伝えられた。これはほぼ正しい原文の翻訳である。

かくして天皇は日本が武器をもたず、非武装の道、平和の道を歩むことを主張していることが報道されたのである。この天皇の会見報道が天皇のマッカーサー訪問と同じ紙面で発表されるようにセットしたのは、マッカーサー司令部だということを松尾尊兊は正しく指摘したが、天皇のメッセージの大事なポイントの一つが「非武装平和」の主張であることには、松尾もまったく注意を向けなかった。

この天皇の回答を書いた幣原喜重郎の立場は吉田茂外相も認めるもので、終戦の詔書、「平和国家」勅語を用意してきた天皇と天皇側近グループの平和主義と連続するものと考えるべきである。

この間に軍隊の解体が天皇政府の力によって、整然とすすめられていた。一切の軍事機構が完全に無抵抗のままに解体された。八月三〇日には在郷軍人会が解散された。九月一三日には大本営が解体された。一〇月一五日には陸軍参謀本部、海軍軍令部の解体が下令された(『昭和天皇実録』昭和二〇年下)。

一〇月一六日、マッカーサーは声明を発表し、武装兵力の解体の終了を宣言した。「本日をもつて日本軍は全国を通じて武装解除を完了、その存在を失ひその兵力はいまや完全に消滅するに至つた、(……)在外部隊を含む約七百万の日本兵員がいまやその武器をすてた日本における異常なまでに困難且つ危険な降伏の達成に際し一発の弾丸も必要でなく、聯合軍の血の一滴も流されなかつたといふことは、世界史に未だ嘗て例をみないのである」(『読売報知』一九四五年一〇月一七日)。

一一月三〇日に陸軍省と海軍省が廃止になった。これによって、日本の軍事機構の解体が完成した。

三　知識人の新日本非武装国家論

1　遠藤三郎と石原莞爾

天皇の標語「平和国家の確立」に内容を与え、それを広めていったのは知識人の声であった。敗戦直後新聞各紙は有識者たちの敗戦所感を競って掲載した。それらの文章は、概して無内容だった。『朝日新聞』に最も早く載ったのは一九四五年八月二〇日号、婦人運動家市川房枝の文章「自主的な行動を」であった。市川は「戦争が済んでよかつた等と考へた婦人が全くなかつた事は心強い限りであつた」と述べた上で、次のように述べた。

「今次の大東亜戦争において、帝国がその聖戦の目的を達成し得ず聖慮を悩し奉る結末にいたつた原因については、(……)私は婦人の協力が十分でなかつた事もその一つの原因だと断定して差支へないと思ふのである。これを私自身の口からいふ事は婦人として、また今まで多少とも婦人の先頭に立つて来た一人として甚だ苦痛であり、自責の念に堪へないのである」。

こんなことを言っても、何の意味もない。

大佛次郎の「英霊に詫びる」という文章は市川の文章の翌日、『朝日新聞』八月二一日号に掲載された。天皇の「御大詔」は日本再建の道を示し給うた、皇国を「屈辱を越えて再建した時、君たちは始めて笑つて眼をつぶつてくれるのではないか」と述べているだけで、再建の道の内容には一切触れていなかった。これまた空虚な文章である。

つづいて八月二三日には作家吉川英治の文章が載った。「我々日本人はほんたうに底力を出し切つてをらなかつた、みんな地べたに土下座して天地に罪を謝し、己の歩んで来た道を反省すれば自づと今後のとるべき道を探しあてることができるであらう」と書いた。これも同じである。

このような文章と比べると、『毎日新聞』八月二三日号に掲載された遠藤三郎中将の「新日本再建へ・遠藤長官・自重忍苦を説く」の方が重みのある提言であり、注目を集めたのも当然であった。遠藤は満州事変後に関東軍参謀をつとめ、のち陸大教官時代に二・二六の反乱軍の説得にあたったことがあり、大本営陸軍部幕僚から敗戦時は航空兵器総局長官をつとめていた。彼は特攻隊作戦を推進した大西滝治郎中将と親しく、最後まで戦争遂行に努めていた(宮武剛『将軍の遺言　遠藤三郎日記』毎日新聞社、一九八六年)。これまで戦争のための航空機を生産する責任者だった人物がこれからはその生産はできなくなるという事態の中で、述べた言葉である。

「かく考えて参りますと、軍隊の形は時世の進運に伴い変化すべきは当然でありまして、ただここに絶対不変であるべきは我が国の真姿即ち国民皆兵の神武そのものであります。

国民一人一人の胸の中にしっかりと神武＝威武に屈せず富貴に淫せざる心を備えましたならば形の上の軍隊はなくても宜しいものと思われます。

古語にも「徳を以て勝つものは栄え、力を以て勝つものは亡ぶ」とあります。従って今日、形の上では戦敗の結果、敵側から強いられて(……)陸海軍が解消し飛行機の生産も停止するに至るのは寔《まこと》に断腸の思い禁じ得ぬのでありますが、皇国の真姿と世界の将来とを考えまする時、天皇陛下の御命令により全世界に魁けて形の上の武装を解かれますことは、寧ろ吾等凡人の解し得ない驚畏すべき御先見=神の御告げとさえ拝察せられるのであります。

私はかく考えるまでに随分と苦しみましたが、今では全くそう信じ切っております。(……)我々は今までと全く異った仕事に入るのでありますが、特攻機を作った、その体験は極めて貴いものであります。速やかに頭を切り換え深く敗戦の原因を省察し旧陋を去り経験を生かし御詔勅を奉戴し新日本を再建し、しかして神武を基調とする徳を以て世界の勝者たるべく忍苦邁進すべきものと信じます」。

遠藤三郎は、のちに一九五〇年代はじめ、憲法擁護国民連合に加わり、憲法第九条の改正に反対する熱心な活動家となる。

しかし、この遠藤の文章よりもはるかに明解な思想をもって、軍備撤廃の意義を論じたのが、元関東軍参謀、東亜聯盟委員会顧問、石原莞爾の談話であった。これは八月二八日の『読売報知』に掲載された。

満州事変を「演出」したと言われる石原は日中戦争の過程では戦争の拡大を批判して、東亜聯盟運動を展開し、軍および政府と対立して、四一年には予備役に編入された。以後ますます東条批判を強めていたので、敗戦を機にかねてからの自分の批判的な主張を打ち出したのである。石原は、まず戦争の敗因は国民道義の低下であるとした上で、敗因の根本的探求を行えと述べている。そして東亜聯盟の主張である大都市解体、農工一体の田園都市づくりの主張を展開した。東久邇宮首相の「建設的な言論結社の自由」の提案を支持し、官僚専制の打倒、特高警察の廃止を主張した。その上で、次のように述べた。

「次代の軍備は恐らくは今日の如き陸、海、空軍と全然異なるものと思ふ。国民は民族的な伝統精神や感傷的気持から一時の軍備撤廃を悲しく思ふであらうが、戦に敗けた以上はキツパリと潔く軍をして有終の美をなさしめて軍備を撤廃した上今度は世界の輿論に吾こそ平和の先進国である位の誇りを以て対したい。将来国軍に向けた熱意に劣らぬものを科学、文化、産業の向上に傾けて祖国の再建に勇往邁進したならば必ずや十年を出でずしてこの狭い国土に、この厖大な人口を抱きながら、世界の最優秀国に伍して絶対に劣らぬ文明国になりうると確信する、世界はこの猫額大の島国が剛健優雅な民族精神を以て世界の平和と進運に寄与することになつたらどんなにか驚くであらう、こんな楽しい偉大な仕事はあるまい、かゝる尊い大事業をなすことこそ所謂天業恢弘であつて神意に基づくものである」。

石原はここで、軍備を撤廃した日本が平和のために世界の先頭に立て、と主張したのである。最後に蔣介石の「暴に報ゆるに暴を以てすべからず」演説を引き、これぞ「王道精神の顕現」とたたえ、「支那には戦争でも道義でも完全に敗けたと痛感した」と述べた。今後は「満、鮮、支人とつきあつて相互信頼、敬愛の念から生じた東亜聯盟の結成に各自が努力出来るやうになれると思ふ」と展望している。

石原は東亜聯盟の組織を拡大し、この主張を国民のあいだに広めようとした。しかし、四六年一月GHQによって東亜聯盟は解散を命じられた。彼の主張をもりこんだパンフレット『新日本の建設とわが理想』は主婦之友社から刊行される予定であったが、不許可となり、四六年一月郷里の山形県下で印刷された。そのパンフレットでは、「国家の生産力の大部分を消費していた軍備の完全なる撤廃は、この新建設を可能にし、迅速に成功せしめる基礎である。我々には今や機密も防諜もなく、実に朗らかである」「新しき文明を急速に建設することは、即ち争ひを要せぬ文明の建設を意味するものである。これこそ恒久平和の基礎工作であり、将来の世界の文明の方向を示すものといふべきである」として、非武装の道を一層強力に主張している(「新日本の建設とわが理想」『石原莞爾全集』第二巻、一九七六年)。

敗戦の八月に出た平和の提言としては、石橋湛山が『東洋経済新報』八月二五日号にのせた「社論」も最近では注目をうけている。これは松尾尊兊が編集した『石橋湛山評論集』(岩波文庫、一九八四年)に収められているものだが、四五年八月当時どれほどの注目をうけたものか、わからない。

石橋は、原子爆弾の出現は「今日の世界のあらゆる兵器を無効ならしめた」として、「日本国民は将来の戦争を望む者ではない。それどころか今後の日本は世界平和の戦士としてその全力を尽さねばならぬ」と書いている。「ここにこそ更生日本の使命はあり」とも言っているが、先述の二人の軍人が書いた文章と比べると、石橋は大事なことをやや簡単に言いすぎている感がある。

2　佐藤一英と『少年倶楽部』

さて、一般雑誌の論調はどうであろうか。敗戦の時点では、雑誌はきわめて少なくなっていた。その状況でも、戦争に協力する有力な出版社である講談社は一一種の雑誌を出し続けていた。昭和二〇年の新年号で見ると、『キング』が改名した『富士』が五〇万部、同じく『婦人倶楽部』が四九万八千部で、両巨頭であったが、ついで『講談倶楽部』と『少年倶楽部』がともに一七万部でつづいていた（『講談社の歩んだ五十年』講談社、一九五九年、四八八頁）。このうち敗戦後にも刊行をつづけたのは、『婦人倶楽部』と『少年倶楽部』であった。

『少年倶楽部』の敗戦後最初の号、八月・九月合併号は一〇月に入って刊行された。*すでに述べたように、当時私は国民学校の二年生であった。それまでは一、二年生向けの『良い子の友』をとっていたのだが、敗戦後、突然それをやめて、『少年倶楽部』に変わり、この号を買ってもらったのである。

『少年倶楽部』1945年8月・9月合併号表紙と，同誌掲載の佐藤一英「新しい日本の朝明けを前に」挿絵ページ

＊プランゲ・コレクション中に占領軍検閲のために提出されたこの号の資料がのこっているが、再校校正刷に九月二八日のスタンプがある。

『少年倶楽部』のその号は、特別の表紙もなく、仮綴じの粗末なものであった。その最初のページには、日の丸が掲げられているのを見ている少年の絵があり、「仰げ日の丸　新日本の門出だ」と書かれている。巻頭には「玉砂利にそそぐ熱涙（八月一五日の宮城御前）」として、二重橋前にすわって、両手をついて泣いている人々の写真が載っている。「「申しわけございませぬ。」――忠誠たらざりしをおわび申す人々の手のかふに、熱涙はとめどもなくしたたりおちた」とある。次のページをめくると、終戦の詔書全文が載っている。

巻頭論文が佐藤一英の文章「新しい日本の朝明けを前に――都の父より疎開先の次郎へ」である。八ページにわたる長文である。「大詔がくだり、東京湾上で日本の全権大使が聯合国にたいして降伏文書の調印をした。聯合軍が東京に進駐してきたが、都民は、少しもとりみだしたところはない」と書きだし、東京の焼け跡の中でこおろぎの鳴く音をききながら、父や子を失った人、家を失った人の心中を思いやって、「遠《を》々《を》吾等《われらが》大祖神《おほおやがみ》」と祈っている。そして息子に「平和日本*を新しくうちたてるために、涙をふるつて進まねばならぬ」といい、次のように書いている。

＊プランゲ資料中にある初校では、「平和日本」は「敗戦日本」であった。

「虫の音を聞いていて思ひ出すのは、袴垂れといふ盗賊の心を正しくした笛の音である。あの話はおまへも知つているか。笛の主は何といつたかね。(……)賊は笛の主に斬りつけやうとして、月夜の道をそつとつけていく。笛の主は笛に一心で、賊を知らないもののやうに歩いていく。賊はつひに刀を捨てて、笛の主の前にひざまづくといふ話であつた。笛の主も刀をさす武士であつた。しかし、賊をしたがへるのに刀をもつてせずに笛をもつてしたのである。これを日本では昔から「日《ひ》知《じ》りの道」といつている。「聖《ひじり》者の道」とも書いている。神に、一身一命をささげたてまつつている人の行ひのことである」。

盗賊袴垂れの話は、宇治拾遺物語(鎌倉時代前期)にある「袴垂、保昌に会ふこと」に基づいている。当時の日本では、よく知られた話であった。さらに佐藤はつづけている。

「まつり（まつりごと）＝つるぎ（まがね）・（まこと）＝まごころ＝ひじりの道。

これは、ほんとうの日本心《やまとごころ》のありやうである。この中に、「つるぎ」の文字があるからとて、日本は軍国主義ではないのだ。つるぎは、まこと、まごころもつて、神にささげられるものである。三種の神器のうちにみつるぎがあるが、これも心のすなほなことをあらはしているのである。剣はまことの道をさまたぐるものを打ちはらふものであつて、いたづらに剣を抜くことは、たしかにあやまりである。「まこと」「まごころ」をもつて、ひじりの道をすすむことができなくなつて、戦争は始り、このやうに悲しい結果に終つたのだ」。

「さらに、このひじりの道が大切なことは、この道は世界に通じる道だからである。ほんたうの世界平和は、ひじりの道によらなければできない。日本人は戦ひに破れた。そして、今までのことを深くふりかへつている。次郎、やがては、世界の人も武器を収めるであらう。* それで始めて、平和な世界ができるのだ」。

＊初校では、ここは、「日本人は戦ひに破れて身をふりかへり、あやまちをたださねばならなかつた。あやまりが正されれば、こんどは世界の人も武器を収めるであらう」となっていた。

「次郎、考へてみれば、これはたのしい大事業ではないか。日本は、いさぎよく武器を手ばなした。** 武器はいらぬ。それについては「ひじりの道」をまつすぐに歩いていくことだ。これによつて、世界の人にも武器のいらないことを知らせるのだ。――いや、ともどもに神にささげるのだ。大きな事業ではないか。たのしい仕事ではないか。これは日本人が日本人の真の姿にかへることだ。日本の心のふるさとへかへることだ」(『少年倶楽部』一九四五年八月・九月合併号、八～九頁)。

＊＊初校では、「聯合国は、日本から武器をとりあげた」となっている。

ここではっきりと日本が道をあやまって、戦争を行ったことが認められ、戦争に負けた日本のこれからの道は非武装の道だということが打ち出されている。天皇の勅語で打ち出された「平和国家の確立」とは武器を永久に捨てた日本、軍隊を持たない日本だということが主張されたのである。それが「ひじりの道」であるというのは、この人の神道的イデオロギーだが、盗賊袴垂れと摂津前司保昌の話と結び付けて、日本の古典の中から、武器を捨てて、平和の道を行こうとよびかけたのである。

筆者は、さらに農本主義を説き、明治天皇の御大喪と乃木大将の殉死についてふれ、天皇への忠誠を強調している。ついで旅順陥落後の乃木・ステッセル水師営の会見の歌を紹介し、「昨日の敵は今日の友」という文句の心持ちでアメリカ兵を迎えようと呼びかけている。「日本本土へあがつたアメリカ兵が、ああ美しい日本、ああ美しい日本人、とさけぶやうにしたいものである」(同上、一三頁)。戦争に敗れたが、日本人としての誇りを捨てるなという主張が出されている。文章は次のように結ばれている。

「次郎よ。平和日本の礎《いしずゑ》は、しつかりしている。あの蟋蟀《こほろぎ》の音の中にある。この礎の上に、新しい建設の事業を堂々と始めやう。新しい日本の朝がまもなく明ける。明日はよいお天気であるだらう」(同上、一四頁)。

この文章には内容もあり、思想もあった。筆者佐藤一英は一九二二年に処女詩集『晴天』でデビューした詩人で、萩原朔太郎、薄田泣菫などに近い象徴主義的な詩風から出発した。一九三一年には季刊『児童文学』の編集者となり、宮澤賢治の「グスコーブドリの伝記」などを掲載した。しかし、すでにこのころ、日本武尊をうたった長詩「大和し美し」を書き、一九四一年、開戦の年には、歴史物語『楠正成』(教材社)を刊行した。開戦直後の長詩「雪降れり」はラジオで放送されたのである。「聖戦のいはれを知らぬ幼な児も赤き手を振り／その子らをいのち捨てよとおくりたる翁嫗もほほ笑めり」「われらが耳にひびけるは　国の肇《はじ》めの神祖《かむおや》の／「うちてし止まむ」の御声なり／われらが耳にひびけるは／いくちとせこむわが子孫《のち》の／「海山ゆきて大君の辺にこそ死なめ」の誓ひなり」と天皇を崇拝し、大東亜戦争を支持した人である。

一九四四年には満州の新京楽団の依頼で書いた「剣の銘」という詩に大中寅二が曲をつけ、その指揮で関東軍への献納演奏会が行われた。それで好評を博したため、佐藤は招待をうけて、朝鮮から満州へ旅行し、「まことの道」、「遠々吾等大祖神」を宣布して帰った。四五年三月には長男を海軍航空隊に送って、「われ必ず勝つ」という詩をつくっている。四月には二〇〇行の長詩「ルーズベルトをいただけりしアメリカ国民に与ふ」をつくった。五月には旺文社社長、赤尾好夫とともに青年聯盟をつくっている。赤尾には『われら戦ふ　ナチスドイツ青年詩集』(一九四二年)を出してもらった仲である。そして弟のレイテ戦での戦死の通知を受けたところで、敗戦を迎えたのである(「佐藤一英年譜」『佐藤一英詩論随想集』講談社、一九八八年)。

問題の文章は、九月に東京の友人を訪ねてきたところで書かれたものであるようだ。石原莞爾の談話の影響がみてとれる。やはり九月四日の勅語に述べられた「平和国家建設」のよびかけに注目しているのだろう。

『少年倶楽部』とはそれまでもそれ以後も関係がない佐藤一英がこの重要な文章を書くことになったのは、編集長の高橋清次との、特別の出会いがあったと考えられる。高橋は一九四四年九月から『少年倶楽部』編集長になり、特攻隊の記事、楠木正成・正行《まさつら》父子の記事を毎号載せた人である。四五年の新年号の表紙の標語は「われら皇国の子」、二月号のそれは「神国大日本かならず勝つ」、五月六月合併号のそれは「戦はんかな一億総斬込みのときいたる」、七月号のそれは「一億総鉢巻」であった。高橋は、三月四月合併号の巻末の文章で、「みなさん、神国大日本の少年たるみなさんこそは、皇国戦力の源です、泉です。みなさんが昭和の正行たらんとする決意もかたく、奮ひ戦ふところ、勝利はだんじてわれにありです」と書いた。さらに七月号の巻頭には、「ときはきた。つひに、やつてきた。かねて、この日あるべしと思つていた――その日が」「尊い宮城に、御所に、お社に、神罰をおそれざるふるまひをくはへ奉りし獣ども――さらにまた、大都市に暴爆をくりかへして、多くの家を焼きはらひし鬼ども――神国大日本一億の戦友が怒りの的、うらみかさなる仇敵アメリカ兵。こやつどもを、今こそ一億一丸となつて、みな殺しにするときがきたのだ」と書いていた。

このように読者の少年たちに米兵撃滅の戦いを呼びかけていた高橋にとって、敗戦は大きな衝撃であったはずである。おそらく呆然としていた彼は、佐藤一英と会い、語り合う中で、彼に文章を書くように依頼し、それを採用することにしたのであろう。佐藤の文章を校正刷に組んだあと、この文章を「くり返しくり返し読んでください」「さあ、声を出して読みませう」と呼びかけるあとがきを特別に書き添えた。そして巻頭の文章を書き直し、巻末の「編集局だより」をあらたに書いた。[*]「編集局だより」には、天皇の玉音放送を聞いて、涙を流しながら、読者の少年たちのことを考えたと書いている。

＊初校校正刷には、九月二五日付けとスタンプがあり、佐藤の文章はすでに組まれている。この文章への編集長のあとがきと編集局だよりは、初校校正刷に含まれておらず、手書きの新稿が初校校正刷に付け加えられて、印刷所にもどされたのである。

「日本の少年諸君は、じつによくたたかつた。たたかひ抜いてきた。これは、だれもが、はつきりみとめていることである」。

「諸君、聖断はくだったのである。われわれは御詔書にお示しあそばされた大御教のとほり、たへがたきをたへ、しのびがたきをしのんで、あたらしい日本をきづき、世界平和のためにつくさうではないか。日本の少年の堂々たる態度を、世界の人々に示さうではないか。諸君、今月の少年倶楽部は、諸君の一生の魂の記念になるものと思ふ。大切に、心をこめて読んでいただきたい」(『少年倶楽部』一九四五年八月・九月合併号、三二頁)。

検閲官の指導をうけたためであろう、彼は、巻頭の文章「種子にひそむ生命」をボツにして、新しい文章と差し替えた。ボツにした文章は、原子爆弾を投下された長崎の町に野菜が芽を出し、のびていることを書いて、その姿を胸にえがけば、「新しい日本、平和日本をきづきあげんとするわれわれ」は力が出ると書いていた。アメリカの原爆投下に対する批判が込められていた。それをやめて、「天子様がおのぞみあそばされている、新しい平和な日本は、きつと私たちの手できづきあげます」というある少年の決意を紹介する父の手紙という形で新しい文章を書いたのである(同上、六頁)。

昨日までは鬼畜米兵を殺せと呼びかけていながら、敗戦となったとたんに、平和日本、軍備をもたない日本をめざすのが日本の本来の道だと言うのは、あまりに変わり身が早く、誠実さを疑わせるものである。しかし、佐藤も高橋も必死になって転換の跳躍を試みた。そうすることがものを書き、人を動かしてきた自分の責任だと考えたのであろう。

高橋清次は、敗戦後の再出発にあたって、一一月、講談社のすべての雑誌の編集長が辞任するさいに『少年倶楽部』の編集長をやめた。しかし、一九四六年八月、講談社が戦後の企画として推進した文芸雑誌『群像』の初代編集長となって、復活した。創刊号の「編輯手帖から」に「終戦以来一年有余、わが文学界はきびしい内省のあたらしい面を向けて、歩みつづけてきた。あらしは吹きつける」が、『群像』は「如何なる傾向文学にも偏しない」と書いている。二号には佐藤一英の詩「一粒の砂」を載せている。高橋は五一年五月まで『群像』編集長のポストにおり、戦後論壇の一角に立ち続けたのである。

　他方で佐藤一英の方は、自らが唱えた転換を貫いて戦後の世界に適応することはできなかった。彼の心は戦後には沈み込むことになった。四七年の詩集『乏しき木片《こは》』の自序にはこうある。「たたかひ終りし頃より書けりし詩の一綴り　あまりに悲しみに溺るること多く　佗しさの深ければ国おこしの勢すさまじき人々の耳にはいかがひびかむかと気おくれして　人に示すこともなく過せしに(……)広き世にはおなじあはれ　おなじ淋しさにある人もあるらめ　版にのぼせばやといふ」(『乏しき木片』万里閣、二頁)。詩集は、戦後二年目の、世を捨てた彼の心象風景を伝えている。このときGHQの検閲は一五編を不許可とした。これらの敗戦をなげいた詩は一九五五年になってはじめて世に出された。「くにたみはすべては亡せず、たたかひは／をはりをつげぬ。死すべきを覚悟せし身の／苦しみも、なげきも言はず、つとめしか。」「悲しみは日をふるごとにふかまさり／いぶきの山は夜ごとに雪を重ねつ。／かがやける春はいづくに待つあらむ」「願ひしはただひとことのまことなり。／そのまこと、われにも足らず、国破れ、／音にたてて風は梢をわたるなり」(『佐藤一英詩集』講談社、一九八八年)。

この人はそれでも、一九五〇年ごろからは復調して、詩や詩論を発表し、中部地方の詩壇の長老の地位に昇っていった。しかし、政治的な発言は二度としていない。彼が『少年倶楽部』に書いたあの文章は彼の生涯最大の決死の跳躍であったのだろう。

佐藤のあの文章がいかに独自性をもっていたかは、同じ時に同じ出版社から出された『婦人倶楽部』と『少女倶楽部』と比較してみれば、よくわかる。

『婦人倶楽部』の八月・九月合併号の巻頭には、詔書はなく、大森洪太の文章「新しき時代に処する再建日本の女性」が載っている。この文章は「戦争は終結を告げた。我等は、今や、渾身の力を挙げて、平和日本の建設に進みつつある」という言葉ではじまっているが、ほとんど内容がない。「今や、戦争終結して、わが国は文化日本として、更生するの時、女性の教養を最も必要とするのである」「平和日本として、更生するのだから、世界の大勢を達観して、それに順応することが、肝心である」といった調子である(『婦人倶楽部』一九四五年八月・九月合併号、二一〜三頁)。

『少女倶楽部』の八月・九月合併号にも詔書はなく、「もんぺをはき続けませう」というアメリカ兵に対する対策を巻頭言に掲げた。巻頭の文章は伏見猛弥の文章「新しい日本と私たち——大詔を拝して」である。どんなに苦しくとも、ひとたび天皇の命令が出れば、それに従うべきだということが、楠木正成の手本によって主張されている。それ以上の内容がない。「この後経済力も低下する日本が、世界文化につくすことのできるただ一つの道は、一人一人の日本人がお勅語の趣旨を体してりっぱな日本人となり、世界に類のないりっぱな道義国家を建設することにあるのであります」(『少女倶楽部』一九四五年八月・九月合併号、四～五頁)。伏見は国民精神文化研究所の所員で、軍情報部の肝いりで講談社につけられた顧問の一人だった。

3　村岡花子と『少国民の友』

では、他の出版社から出されていた国民学校上級生向けの雑誌はどのような主張を出していたか。小学館の月刊誌『少国民の友』一〇月・一一月合併号は、巻頭に村岡花子の文章「おかあさんから疎開地の子へ　少国民におくることば」を載せている。村岡花子はキリスト者で、編集者から児童文学の翻訳者となり、一九三二年から一〇年間はＪＯＡＫラジオの「コドモの新聞」に出演した。市川房枝などと親しく、開戦後は文学報国会にも参加していた。一九四五年一月一〇日には『文学報国』に「国内の生活にも戦ひがあり、すべての人が戦争をしているのだが、その中で幼い者たちも偉《ママ》いなる戦ひをつづけていると、私は疎開児童を見ては考へる」と書いていた(『文学報国』復刻版、不二出版)。その彼女がこのときは、疎開している少女が天皇の詔書を聞いて、「もう空襲はないのね」と言い、「私たちはほっとしました」と手紙をよこしたと書いている。その少女に向かって、村岡は語りかける。

「みどりちゃん

手紙をありがとう。八月十五日の大詔をうけたまわつた時のあなた方の心持がおかあさんにもよくわかりました。大詔が発されて、戦争が終わつた時、あなた方がありがたくたふといおことばになきながらも、「もう空襲はないのね。―おとうさん、おかあさんのいらつしゃるところも安心になつたわね」といつて、そのあとで「私たちは、ほつとしました」とあなたは書いて来ましたが、それはたしかにあなたたちみんなの心持だつたでせう。平和の国日本の新しい出発の行進に一ばんさきに行くのはあなたがた子供たちです。おとうさんやおかあさん、おおぜいのおとなたちが今までに考へつかなかつたやうなたくさんのことがらを、これからあなたのやうな子供たちや、みんなでよく考へて勉強するのです。戦争にまけたことで、私たち日本人は目をひらかせられました。（……）これからさき、私どもは平和を愛し、平和のために力をつくす国民となるのです。そのせんとうにたつのは、あなたがた少国民ですよ。うれしいでせう。みどりちゃん。（……）これからの日本は平和の日本です」（『少国民の友』一九四五年一〇月・一一月合併号、一頁）。

村岡花子は戦争が終わったことを素直に喜んでいる。だが彼女も、佐藤一英の文章から影響をうけていることがうかがわれる。

『少年倶楽部』と『少国民の友』に比べると、他の雑誌は低調である。朝日新聞社の『週刊少国民』の九月一六日・二三日号の表紙は、手をつないで歩く少年少女の写真であり、グラビアは「アメリカ軍本土へ進駐」であった。論説委員、土屋清の「大東亜戦争は如何に戦はれたか」が巻頭論文である。この筆者は「飛行機はどれだけあつたか」「軍艦はどうなつたか」「どれだけの戦死者があつたか」「いくらお金がかかつたか」「空襲でどれだけやられたか」などの問いを出して、次々に答えている。まとめは次の通りである。

「このやうに大東亜戦争で日本は全力をあげて戦ひ、そして負けました。負けたことは残念ですが、日本が大東亜の国々と手をつないで、世界の強国といはれるアメリカ、イギリスとこれまで戦つたことは歴史にながくのこりませう。これからはもう戦争ではありません。私たちは戦争にそそいだ力を今後は文化の方面につぎこみ、世界一のりつぱな文化国民にならなければなりません」(『週刊少国民』一九四五年九月一六日・二三日号、五頁)。

すこぶる調子が低いと言わざるをえない。

4　石川武美と『主婦之友』

婦人雑誌はどうであったか。講談社の『婦人倶楽部』を断然圧倒していたのは『主婦之友』であった。この雑誌は大正六年にキリスト者の石川武美が創刊したもので、またたく間に婦人雑誌の発行部数のトップにのしあがった。石川も出版界の重鎮となり、戦争中は日本出版配給統制株式会社の社長にも就任したのであった。『主婦之友』も戦時下の一九四四年には表紙だけでなく、毎ページに「アメリカ人を生かしておくな」とか、「米兵をぶち殺せ」とか、大きな活字で書くようになった。大佛次郎が「我が国第一の売行のいい女の雑誌がこれで羞しくないのだろうか」と日記で批判しているほどである（『大佛次郎敗戦日記』七九頁）。

その主婦之友社の社長、石川武美が九月三日に社員に訓話を行い、次のように述べた。

「敗戦は耐へがたい悲しみであるが、これによつて新しい国家、恐らくは世界があこがれる軍備によらぬ日本、人類に貢献するところ大きい文化国家を建設できると思ふ。そのよい条件にある国家こそ日本である。昭和二十年九月二日の降伏調印の日を、われわれは二十年三十年後においても感謝の日とせねばならぬ。それをなし得ぬなら日本民族の真の屈辱であり、滅びである」（『主婦之友』一九四五年九月・一〇月号、六六頁）。

この訓話が収録された敗戦後最初の『主婦之友』九月・一〇月号の巻頭には、石川社長は「敗戦国日本の輝かしい前途　神は無意味に苦難を与へ給はぬ」（九月一六日）と題する文章を載せた。

「夢中になつて働けば、十年二十年の苦難の歳月は忽ちにして過ぎてゆく。時がきて後をふりかへつて見たら、夢に描きまぼろしにしていた平和日本がいとも美しく建設されていることに、自ら驚くことであらう。戦争にやぶれた日本は却てそのために武力では築き得ぬ理想の国を、世界のどこよりもさきに建設し得るのだ。神は日本をして最も光栄ある国となさしめ給ふために、今日の堪へがたきほどの苦難をも与へ給ふたのだと私は信ずる」(同上、五頁)。

石川武美はキリスト者であった。彼の雑誌も戦争のために全力を挙げてきたのだが、ここに来て、明確な転換を示したのである。一二月号にも石川の一〇月二九日付けの所感が載っている。

「〝日本はどうなるだらう〟と思ふときは、天皇陛下の仰せられたやうに、千年万年の後までも平和であるところの、新しい日本の建設であることを信ずべきだ。今はこの一事のほかはない」(同上、一九四五年一二月号、一二頁)。

石川武美は一九四六年五月公職追放になった。

5　丸山幹治と『現代』

一般の総合雑誌はどうか。敗戦当時は『中央公論』、『改造』が停刊となっており、『文藝春秋』は出てはいたが、まったく薄く、巻頭の随筆部分だけになっていた。したがって、講談社が出している『現代』が唯一の総合雑誌であった。この雑誌にも同じような見解を見いだすことができる。『現代』九月号は巻頭に天皇の詔書をのせたあとには、鎌倉円覚寺住職、朝比奈宗源の九月二日付けの文章「日本の再建」を載せた。彼は日本の完敗という事実を直視し、こうなった原因を考えて出直すべきだと主張した。戦争指導における独善、航空機の意義の無理解、神州不滅の信念の鼓吹の結果としての科学兵器の軽視、安易な勝利の盲信、八紘一宇の独善論を批判して、次のように述べた。

「我国の再出発に当つて我が同胞に告げたいことは、今度の戦は不幸にして戦力に敗けたから仕方がない、当分は雌伏していやう、しかも今に見よこの仕返しはしてやるぞと云ふやうな卑屈な考へ方はすてねばならない。かかる考へは決して我国を救ふ所以でもなく大御心に副ふ所以でもない。この戦ではもともと我国の自存自衛上止むを得ざるに出で、又東亜民族の解放を通じて世界平和に寄与するにあつた。戦ひを終結せしめられたご趣旨も同様である。（……）私

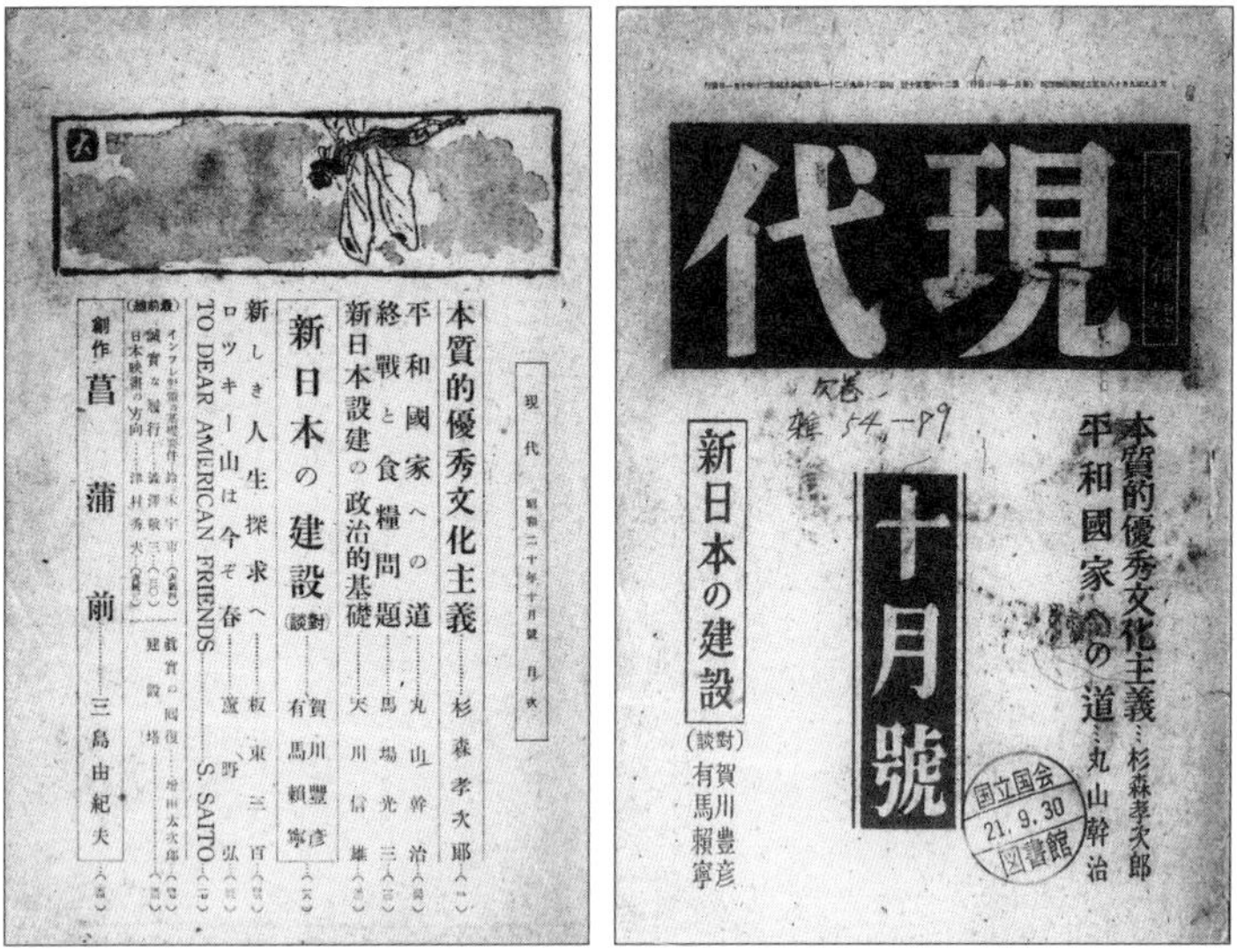
現代 昭和二十年十月號 目次
本質的優秀文化主義……杉森孝次郎
平和國家への道……丸山幹治
終戰と食糧問題……馬場光三
新日本設建の政治的基礎……天川信雄
新日本の建設(對談) 賀川豊彦 有馬賴寧
新しき人生探求へ……板東三百
ロッキー山は今ぞ春……窪野弘
TO DEAR AMERICAN FRIENDS……S. SAITO
創作 菖蒲前……三島由紀夫

現代
十月號
本質的優秀文化主義…杉森孝次郎
平和國家への道…丸山幹治
新日本の建設
(對談)賀川豊彦 有馬賴寧

『現代』1945年10月号表紙と目次

共は既に軍備の撤廃に応じた今日である。潔く力による抗争などあきらめて、聯合国の主張のよき理解者となり、世界平和建設への誠実なる協力者とならねばならない」(『現代』一九四五年九月号、五頁)。

戦争をしたのは平和のためであったのだから、これからは平和に徹して行くべきだという奇妙な論理である。大佛次郎の日記には、八月一八日の朝比奈宗源の言葉が記録されている。「国民を敵襲にさらし自分たちは穴へ隠れる工夫のみしていて何が皇軍か」(『大佛次郎敗戦日記』三一一頁)。朝比奈においても、軍への反発はあきらかであった。

敗戦後の雑誌『現代』の代表的論文は一

〇月号に発表された毎日新聞社客員、丸山幹治の論文「平和国家への道」である。丸山幹治は、長谷川如是閑と親しいリベラルなジャーナリストとして知られていた。丸山真男の父である。彼は一九〇四年から新聞記者生活をはじめ、白虹事件で長谷川、大山郁夫らと連袂辞職して大阪朝日を去り、二八年から大阪毎日に有名なコラム「余録」を書き始め、このときまで毎号書き続けていた。のちに五四年に書いた回想の中で、彼は戦時中の自分のコラムについて「言論不自由録」「言論畏縮録であり、軍国随筆である」と書いて、恥じている（丸山幹治『余録二十五年』毎日新聞社、一九五四年、一〇二頁）。

丸山幹治
写真提供：朝日新聞社

実は敗戦後、丸山は、コラム「余録」を書く他に、『大阪毎日新聞』の九月一二日から一七日まで六回にわたって「万世の為に太平を開く――大詔を拝誦して」を連載していた。この文章では、天皇の終戦の詔書で「世界平和の回復された日」とし、天皇の詔書を「拳々服膺すること以外に、臣民として最高の愛国行為はない」としていた。「日本の如く古来、外国と戦はなかつた国がないし、侵略に縁遠い国策を執つた国もない」とし、天皇は「最後まで平和主義を御執り遊ばされ」」、戦争を回避しようとしたが、戦争になったのは「補弼の重責にあつたもの」の責任であると、はなはだ弁護的である(『大阪毎日新聞』一九四五年九月一三日)。「日本の国体、日本の皇室こそ、平和の象徴であり、また平和の保障である」(九月一二日)。国体は守るべきであり、降伏によって微塵もかわらない。日本の民主主義の復活はあくまでも「皇室中心の民主主義的傾向である」(九月一六日)などと書いている。

日本の国体を守るべきだという主張は『現代』一〇月号論文でも変わらない。ここでは国体と政体を区別すべきことをいっそうはっきりと主張し、「国体を護持するために、政体を改める必要」を説いた。「君側に非民主主義的権力があることは、皇室の尊厳を傷つくるを意味」するとしているから、天皇制を民主化、脱政治化するつもりである。憲法改正に関連して、「陸海軍が永久に無くなれば」明治憲法の一一条、一二条がなくなるのは当然だとしている。そして、次のように述べている。平和をもとめた天皇の「大御心の光が軍閥によつて遮られたのは、国民の憤激に堪へぬところである。いはば兵馬の実権は、封建時代の如く軍閥に移つたのである。これがために、三千年来の光輝ある国体は実に(……)危ふかつたのである」(三八～三九頁)。

丸山は天皇の聖断により降伏したことで、「国体の尊厳が発揮され」たと考えるところから、こんどは軍閥を排除し、軍備をもたない天皇中心の政治をめざすことを主張している。

「兵馬の大権を徳川幕府に御委任あらせられ、三百年の太平を保つていたことを思へば、日本の皇室は軍備に対して、何の御未練を感じさせせられることはない」。「この日本人の皇室に対する「赤誠」がある限り、また皇室の日本人に対する「御信倚」がある限り、軍備などは無用である」（同上、四〇頁）。

この第一の文章と第二の文章の間の八行はＧＨＱの検閲で削除されたまま発行されたが、どういう文章が削除されたかは不明である。

「今こそ国民は、敗戦の自覚によってのみ日本は救はれることに想をいたし、つねに平和を庶幾せられた御皇室を上に戴く日本国民は、冷厳な敗戦の事実を直視し、新日本建設へ、ひたむきの努力をいたさねばならぬ。（……）この際この秋、日本は軍部、官僚を日本政治の中枢より去らしめ、正しい政治の出現を図ると共に、承詔必謹国体護持の一念に徹し、世界協調、万世に太平を開く――の御叡旨を体し、武装なき真の平和への道を直進せねばならぬ」（同上、四一頁）。

丸山は天皇の標語「平和国家確立」の内容として非武装日本のヴィジョンをはっきりと示したのである。

彼は『現代』一九四六年新年号にも「第二維新」なる文章を書いた。明治維新につづいてマッカーサー司令部のもとで第二の維新がはじまっているとして、「ここに到れば、上　天皇の統治の下下万民、唯々平和国家への一念に燃え、凡ゆる辛苦万難を克服して、日本百年の大計を樹立するに国民の総努力を傾注せねばならない。」と主張した(三四頁)。さらに「実際国民を犠牲として政治を専断して来た軍閥官僚や、また更に凡ゆる点で政治の不円滑を来たした人は深く責任をとり、国民に陳謝し、かはつて立つべき新時代への熱願に燃える国民の代表者は今後の平和国家確立への熱意を、維新に於ける潑剌の精神で打開して貫ひたい。それは国民全体の希望であり、声明である」とも書いた(三五頁)。丸山は終始一貫、「平和国家」の目標を強調している。

丸山幹治の「平和国家」論はこの時点での代表的な主張であり、日本の公論の中心をなしていたと見ることができる。この丸山の「平和国家」論が彼の子息、兵隊帰りの東京帝国大学助教授丸山真男にどのように受けとめられたのかについては資料がない。丸山真男は朝鮮戦争時に平和問題談話会によって平和主義思想を開陳するが、この父子の場合、思想は断絶しているように見える。

6　森戸辰男と『改造』

敗戦直後の数ヶ月の間の『現代』以外の雑誌について、目録をみると、刊行がつづいていた『新時代』では、一〇月号には杉森孝次郎の「再生日本への途」、岡本禹一の「強兵政策と市民社会」、同一一月号には鈴木安蔵の「民主主義日本建設の前提」といった論文が載っていた。一一月に創刊

改造一月號目次

復刊の言葉
平和國家の建設……森戸辰男
國民生活と經濟の再建……鈴木茂三郎
軍國政治論……馬場恒吾
民主憲法の基礎理論と構想……鈴木安藏
二重權力運動へ（人民委員會運動の提唱）……佐野學
民主的土地改革の世界的動向……平野義太郎
食糧難と社會不安……山川菊榮
敗殘の政治（政治時評）……J・M・P
議會閑景（繪と文）……清水崑
日本への忠言――ADVICE TO JAPAN――
F・ケーリー（ニューヨークヘラルド）L・パロット（ニューヨークタイムス）・中野五郎
春のあめりか……高田保

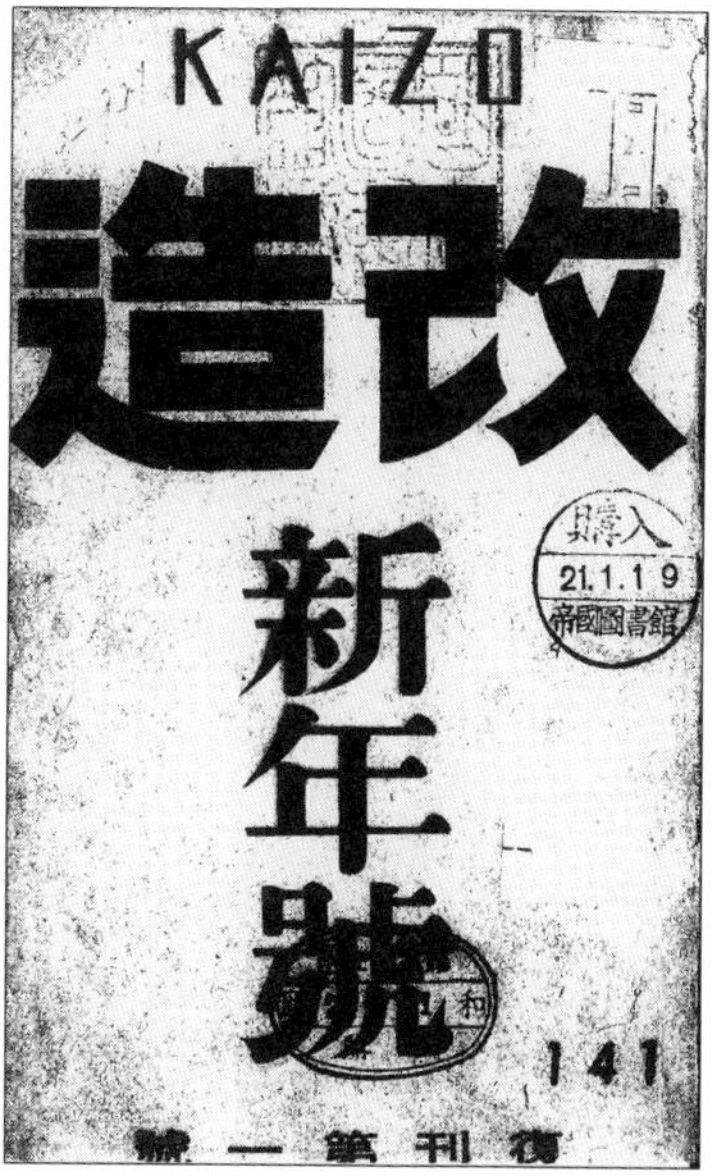

『改造』1946年新年号表紙と目次(部分)

された二つの一般総合雑誌のうち、『雄鶏通信』の巻頭論文は清水幾太郎の「生活の方法としてのデモクラシー」であり、『新生』の巻頭論文は室伏高信の「新たなる日のために」であった。この月創刊された左翼陣営の雑誌、『人民評論』の巻頭主張は「日本の民主化と治維法」であり、『民主評論』は戸田慎太郎「天皇制廃止の基礎問題について」であった。「平和国家」について論じた論文はみあたらない。

四六年一月になると、『中央公論』『改造』『世界』『潮流』『展望』などの重要な雑誌が一斉に復刊ないし創刊された。このうち「平和国家」に触れたのは、『改造』新年号の巻頭論文、森戸辰男の「平和国家の建設」だけであった。

森戸は東京帝国大学経済学部助教授であった一九二〇年、学部の雑誌にクロポトキンの論文「パンの略取」を翻訳掲載し、解説論文を書いた。これが右翼団体から告訴され、森戸は朝憲紊乱罪で起訴され、大法院まで争う一大事件となった。ついに有罪が確定し、失職した後は大原社会問題研究所に移り、マルクス主義、社会主義の研究をした。戦争を賛美するような活動はしないでいた人物である。四五年秋には高野岩三郎らと「日本文化人連盟」をつくり、さらに一一月高野、鈴木安蔵らと憲法研究会をつくって、憲法草案の作成に参加していた。早くも一一月二九日には憲法改正要綱をとりまとめて、発表している。さらに一二月二六日に修正した確定案を発表し、GHQにも提出したのだが、森戸辰男はこの案に「国民ハ健康ニシテ文化的水準ノ生活ヲ営ム権利ヲ有ス」という条項を入れることに成功している。しかし、この憲法研究会憲法草案は、戦争の放棄については一切触れていなかった。鈴木安蔵は次のように回想している。

「「戦争放棄」条項については、憲法研究会ではなんらの主張も出なかった。もちろん今後の世

森戸辰男
写真提供：毎日新聞社／時事通信フォト

界平和は、（……）一同共通の主張であり、とくに平和の確立なくしては人権保障その他民主主義の発展は不可能であることは会員のなかからも強く力説されたところである」（鈴木安蔵『憲法制定前後』青木書店、一九七七年、一〇二頁）。

したがって、森戸の論文は、憲法草案の準備の中から出てきたものではなく、天皇の提起にはじまる「平和国家」論の流れの中で生まれた論文なのであった。しかも、敗戦に終わった戦争をいかなる意味でも肯定していない批判的な立場からの論文である。森戸の論文は次のようにはじまっている。

「我国を「平和愛好国民」たらせようとするポツダム宣言に照応して、吾々もまた終戦を機会に「太平を万世に開く」決意を新に表明した。平和国家の建設は戦勝国が我国に命令した運命の一路であるに相違ないが、それはまた、かやうな事態のもとに、戦敗国日本が自ら選んだ救国の活路であり、建国の大道であるとも考へられるのである」（『改造』一九四六年新年号、三頁）。

「平和国家」とは敗戦国の一時の戦術なのか、真実の国家目標なのかと、森戸辰男は鋭く問題を提起した。日本は敗戦によって「「戦争できぬ」平和国家」になっている。「道徳的性格の脆弱な民族」は「強制平和の重圧のために独立自由・自尊自侍の精神を喪ひ、戦勝国家の恣意にも迎合追従する頽廃民族に堕落するだらう」。道徳的に強靱な民族は強制平和を「奴隷国家の実質が平和国家の美名のもとに永久の運命として祖国の上に課せられること」を屈辱とし、平和国家とは別の方向に進む可能性がある(同上、四〜五頁)。

だから、「真の平和国家」「「戦争を欲せぬ」平和国家」に主体的に進まねばならないというのが森戸の主張であった。彼にとって、それは「みづから武力を持つ持たぬに係はりなく、自己の発意と確信において平和を選び、国民の全道徳力をあげてその実現に努力する国家」になることだとされた。その国家の要件は「独立自由の国家である」こと、「平和の追求者である」こと、「限定された意味での平和主義の信奉者」であることだとされた。「平和主義国家となることによつて、始めて完全な平和国家となることができるのである」(同上、六〜七頁)。

森戸はそのような「平和国家の建設」は多くの知慮と犠牲を必要とすると警告しながら、日本がその道を歩むべきことを主張した。彼は、「平和国家」への道として、まず「武装平和は軍国主義の仮面にすぎない」と退けた。

ここまでは、森戸の意見は、これまでみた「非武装平和国家」論と共通するものである。違いは彼が天皇の意志というものにまったく関心を向けていないことである。逆に彼は勤労大衆の役割が高められる民主主義の確立、社会主義経済の実現、文化革命の推進といった三つの革命が「平和国家建設」のために必要であると言い切っている(同上、一〇〜一一頁)。

また平和建設のためには、米国やソ連のような強大国の役割には大きな疑問が生じるとして、弱小国こそ平和の担い手になると断言する。日本は敗戦によって弱小国となった。屈辱を味わい、飢えと寒さに脅かされ、文化的危機の中にある。

「我国は物質的にも精神的にも徹底的に武装を解除されて、全くの丸腰丸裸の国家となつた。かやうな身に寸鉄を帯びぬ国家として、吾々は一切の軍国主義と武断政策を鋭く弾劾することができるのだ。単にそれだけではなく、軍国主義の仮面にすぎぬ武装平和にたいしても、仮借なき批判を加へえうるのである」。

「我国は敗戦によつて一弱小国となつたことのために、却つて世界平和のための最も権威ある指導的な思想国家となりうる地位におかれたのである。けだし、(……)正しい平和的国際社会は強大国の現実的勢力のみでは建設できない。その正統的な思想的指導力は却つて弱小国の艱苦忍従から生まれた生存欲求から滲み出て来ると期待されるからである」(同上、一五頁)。

そこから森戸は日本人が誇りをもって「平和国家の建設」に進むように呼びかけた。

「軍国主義国家の建設によつて全世界の悲惨と禍害の因となつた吾々は、全世界の祝神たるべき平和国家と世界平和の建設のために、その全力全能を発揮すべき責務を負ふているのである。そしてそこにこそ、重大な罪過にたいする吾々の懺悔があり、将来に約束された吾々の光栄が横たはつているのではあるまひか。なぜかといふに、わが民族の真の興亡は、過ぐる大東亜戦の勝敗よりも、むしろこの平和の建設のための平和攻勢における吾々の戦績如何によつて決定せられる、と考へられるからである」(同上、一六頁)。

森戸の主張は戦後平和主義の原点を構成する要素の内では独自の立場を占め、親天皇的な傾向がなく、はっきりと戦争に反省的である。これは戦後平和主義の革新的な流れのはじまりだと言えよう。

森戸はすでに四五年一一月に片山哲の日本社会党の創立準備委員会にも参加していた。四六年四月には日本社会党から衆議院議員選挙に出馬し、当選した。新憲法案が提案された国会での審議に加わることになった。森戸のこの論文は広く影響を与え、特に社会党の議員たちの判断のよりどころとなったであろう。

四　「平和国家」論と新憲法

1　一九四六年の書き初め

一九四六年の元旦には、天皇はいわゆる「人間宣言」を出したことが知られている。これは占領軍司令部の方針に基づくものであった。

天皇が人間であることを宣言した日、日本中の子供たちは書き初めで「平和」の誓いを立てていた。静岡県清水市の国民学校二年生であった私は課題を与えられ、「太平の春」と書いた。その言葉が終戦の詔書の「万世の為太平を開かむと欲す」から来ていることは明らかであろう。他方で、東京の学習院初等科六年生であった明仁皇太子は「平和国家建設」と書いて、提出した。私の書き初めも学校に提出され、教師が朱筆で二重丸をつけている。皇太子の書き初めにも教師が朱筆で二重丸をつけている。明らかに学校が子供たちに書かせた書き初めであり、書くべき文字は教師が与えたに違いない。

「元旦　六年　明仁親王」と署名された皇太子の書き初めのコピーを米政府文書の中から発見し、自らの著書にはじめて公表したのは、ジョン・ダワーである。彼はその図版キャプションに「敗戦後の日本で最も人気のあった言葉は、間違いなく「平和国家建設」である。学校の生徒たちは当然のことのように、習字の時間にこの文句を練習した。ここに掲げたのは、当時一二歳の皇太子明仁が書いたもので、彼は一九八九年に父裕仁を継いで天皇となった」(『敗北を抱きしめて』上、二二一頁）と記している。ダワーはこの資料の意味するところを理解していないのである。

私はダワーの本（同上、二三二頁）でこの書き初めの写真を見て、衝撃を受けた。そして、二〇〇二年の論文を書いたのであるが、二〇一四年一〇月にいたり、高島屋で開かれた「天皇皇后両陛下の八〇年」という写真展で、出品された天皇の一九四六年元旦の書き初めの現物を見た。半紙一枚大の書き初めの現物には光と力があった。私はその後自分が同じ時に書いた書き初め、「太平の春」を取り出して、考えた。その結果、この二つの書き初めは、一九四六年元旦に平和についての文字、

明仁皇太子の 1946 年の書き初め

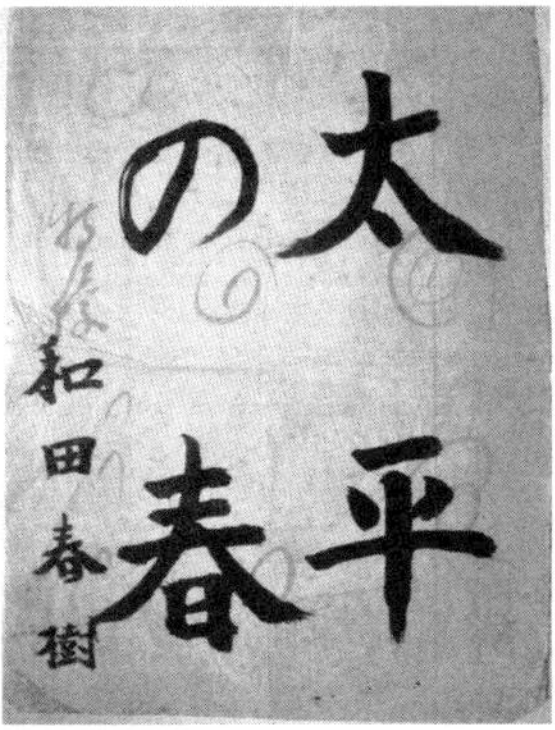

1946 年の書き初め（筆者）

言葉を書かせようという当時の文部省の指導方針の産物であったのではないかと考えるにいたったのである。

私は、戦争中は戦争の画、軍人の画、侍の画ばかりを書いていた戦争少年であった。一九四五年の元旦に書いた一年生の私の書き初めは「ツヨイカラダ」であった。私が送った戦艦と護衛機の画は『良い子の友』一九四五年二月号の裏表紙に掲載された。親子二代の忠臣、楠木正成の子正行の画も書いている。それが戦争と軍隊に対する私の熱狂の表れであった。敗戦後、私はこの種の画をかくのをやめただけでなく、画をかくこと自体をやめてしまった。私は、戦争が終わったことを喜んだ。そして、秋にはあの『少年倶楽部』八月・九月合併号を買ってもらい、佐藤一英の文章を読んだ。私は盗賊「袴垂れ」と笛を吹く人の話を理解した。「日本人は戦ひに破れた。（……）やがて、世界の人々も武器を収めるであらう」という著者の考えをうっすらと自分のものにしていた。私の生涯にわたる平和主義はそこからはじまっている。もちろん書き初めに書いた「太平の春」という言葉の意味は、教師が説明してくれたのであろう。

皇太子は一九三三年の生まれで、一二歳、六年生であったから、確信をもった軍国少年であった。前年四五年の元旦に彼が書いた書き初めは「敵国降伏の春」であった（高橋紘「昭和天皇と『側近日誌』の時代」、木下道雄『側近日誌』三一一頁）。八月一五日には、疎開先の日光・田母沢御用邸にいた。あらたに東宮大夫兼東宮侍従長に任じられた東京帝大名誉教授の穂積重遠が同席するところで天皇の「終戦の詔書」放送を聞き、穂積の解説を受けた。皇太子は動揺した様子はなかったと侍従は回想している。そして皇太子はこの日、「新日本の建設」という長い文章を書いた（これが木下道雄『側近日誌』の一九四五年一一月一三日の項、四八～四九頁に引用されている）。

その中で皇太子は、放送を聞いて、「非常に残念に思ひました」と書き、「無条件降服といふ国民の恥」を「陛下御自身で御引受けになつて」放送をしたことは「誠におそれ多い事」であったとしている。「忠勇な陸海軍」は「勇戦奮闘」し、「特攻隊は命を投け［ママ］出し」、国民は「家を焼かれ、妻子を失つても歯をくひしばつて」がんばったのは、「感心なこと」であったが、「戦は負け」に終わった。その理由は「日本の国力がおとつてゐたためと、科学の力が及ばなかつたため」だと述べている。さらに日本人が大正から昭和の初めにかけて「国の為よりも私事を思つて自分勝手をした」ことも問題であったと指摘している。これからのことについては、「どんなに苦しくなつてもこのどん底からはい上がらなければなりません」と言い、そのためには「国体護持の精神」で、一致して働くことが必要だと述べている。日本人とアメリカ人では個人としては日本人の方が上だが、団体になると劣るのだとしている。科学を盛んにして、「今よりも立派な新日本を建設」することをよびかけている。

軍国少年が敗戦を知ってまとめるにいたった感想としては、かなり冷静なものだと言えるだろう。

皇太子は一一月はじめまで日光にとどまり、一一月七日に東京へもどった。日光にいるあいだ、そして、東京にもどってから、皇太子は引き続き穂積重遠の個人指導をうけ、学習院で授業をうけ、読書をし、新聞雑誌を読み、ラジオ放送を聞いたに違いない。『少年倶楽部』の佐藤一英の文章や『現代』の丸山幹治の文章なども読む機会があったに違いない。その上で、一九四六年元旦の書き初めに「平和国家建設」と書くときまでには、皇太子の思想にも変化が起こり、これからの日本の生きる道は、「戦争国家」からの転換、「平和国家の建設」だという確信がうまれていたのではないだろうか。多くの日本の少年少女たちがそのような翻身をとげたのであり、皇太子もその一人であったのであろう。

だが、これは皇太子として敗戦を迎えた少年の敗戦最初の元旦の誓いであったと考えることができる。まさに平和国家建設の道こそが将来天皇になる自分が生きる道だと決心したものと考えられる。二〇一四年の日本でその誓いを思い出す意味を考えるからこそ、天皇は傘寿記念の写真展に、あえてこの書き初めを出品されたのであろう。

もしも、日本国中の小学生が一九四六年元旦の書き初めに平和に関する題を与えられ、みながそれを書いたとしたら、皇太子をふくめ全日本の小学生が平和国家の誓いを立てたことになるのである。

2　天皇と国民の「平和国家」論と新憲法

こうして敗戦直後の日本に現れた、国民の空襲体験からくる反軍・親天皇的な反戦意識、天皇が出した「平和国家確立」の標語、知識人の非武装平和国家論の三つがまざりあい、一九四六年はじめには、戦後日本の平和主義の気分、思想が社会的に確立していた。平和国家の内容は、非武装非戦の国家である。武器をもたない、戦争をしない国家である。このことが憲法改正作業の大前提となった。

敗戦後の日本に強く台頭したこの戦後平和主義、「平和国家」論は当然にGHQの注目を惹いたはずである。新聞記事、雑誌の論文に現れたかぎりの平和国家論、非武装非戦の平和国家論は、検閲官の報告を通じて占領軍司令部に伝えられ、降伏後の日本国民の思想動向の分析の中で綿密に検討されたことは間違いないであろう。天皇と知識人のこのような気分を確認して、マッカーサーの憲法三原則がまとめられたと考えることができる。

戦後日本における改革過程の特徴は、憲法問題が提起されるのが異常に早く、憲法の改正、新憲法の制定が驚くほど早く行われたということである。日本が降伏してから二ヶ月もたたない一〇月四日、GHQが日本政府に最初の人権指令を突きつけたその日に、近衛文麿無任所相は、マッカーサーから憲法改正が必要であるということを示唆され、一一日、近衛は改憲担当の内大臣府御用掛に任命された。この日、マッカーサーは幣原首相に婦人参政権、労働組合結成の奨励、自由な教育などの五大改革指令を出している。一三日、こんどは松本烝治大臣が憲法問題調査委員会を設置した。

一一月になると、民間の憲法研究も活発になった。一一月五日、高野岩三郎、鈴木安蔵らの憲法研究会が初会合を開いた。日本共産党も一一日「新憲法の骨子」を発表した。これらの動きに対して、近衛は二二日、憲法改正「要綱」を上奏したが、すでにGHQは近衛の作業を認めておらず、戦犯としての訴追を受けるのを察知した近衛は一二月一六日、服毒自殺した。一二月四日近衛とともに改憲案づくりを進めてきた佐々木惣一が自らの「憲法案」を進講し、これによって内大臣府は作業を終え、廃止されることになった。以後憲法案の準備は松本委員会の仕事となった。

このように占領軍が民主化と非軍事化の改革を命令し、実行させようとするのに合わせて、憲法改正の検討を唐突に迫ったのは、日本占領の特殊な構造の故であった。同じ敗戦国のドイツでは、ヒトラーが徹底抗戦を命じ、首都玉砕の道をとったため、ソ連軍が首都ベルリンを陥落させると、ヒトラーは愛人とともに、総統官邸地下壕で自殺した。これによってナチス国家は壊滅したのである。一九四五年五月七、九日にドイツ軍の代表が米英軍、ソ連軍とのあいだに降伏文書に署名し、ドイツは四つの占領地域に分割され、占領軍は軍政をしいた。占領軍の軍政のもとで州レベルの政府がつくられ、この州レベルの政府が連合して、西側地区では一九四八年八月に憲法制定会議の予備会議をひらき、九ヶ月後の四九年五月二三日に憲法制定会議でドイツ連邦共和国憲法が公布されるにいたった。ここにおいてドイツ連邦共和国がはじめて成立した。ソ連占領地区でも、四八年三月に常設のドイツ人民評議会を成立させ、そこで四九年三月ドイツ民主共和国憲法を採択した。この結果、四九年一〇月七日ドイツ民主共和国の成立が宣言された。

このようにドイツでは、敗戦によって旧国家が崩壊し、占領軍が軍政をしき、そのもとで非ナチ化改革が行われたあと、四年前後経過したところで、東でも西でも、臨時政府が生まれ、一九四九年憲法が制定され、新国家が誕生したのである。

日本では、天皇制政府が徹底抗戦を断念し、ポツダム宣言を受諾して、降伏した。戦争をはじめた政権が戦争を終わらせた。天皇の「聖断」で降伏がなされたのである。国民が完全に戦争国家に統合されているもとでは、このかたちで日本が戦争を終わるほかはなかったであろう。占領軍は降伏した天皇制政府の存続を認め、占領政策に協力させる道をとった。占領軍は軍政をしかず、日本政府に命令して統治する間接統治を実施したのである。占領軍の最高司令官の命令には日本政府は無条件で従うことを誓約した。

しかし、何と言っても、天皇制政府は大日本帝国憲法に従って、つくられ、運営されている。占領軍の命令を実行する障害が日本政府の憲法的基盤にあった。だから、占領軍は、非軍事化と民主化という占領政策をすすめるためにも、早くから憲法改正の作業を開始しなければならなかったのである。

占領下に憲法を論議し準備すれば、憲法改正に対する指導が占領軍から入ることは当然であった。占領下に生まれる憲法は、占領軍が天皇制政府に押しつける憲法になる他はないのである。さらに日本は敗戦とともに、軍隊は武装解除され、解散されている。その状況で憲法を議論すれば、軍隊のない日本の現状を前提にして憲法を書かなければならないことも明らかであった。

ところで、近衛文麿のあと、日本政府の憲法準備の責任者となった松本烝治大臣が一二月八日に議会の答弁で明らかにした改憲四原則は改憲の原則と言えない保守的なものであった。松本は、四原則の第一に、天皇が統治権を総攬せらるるという大原則にはなんら変更を加えないこととしていた。何を変えるかという点で、松本が挙げたのは、第二原則、議会の議決を要する事項を拡充すること、第三原則、国務大臣の責任を国務の全面にわたるものたらしめること、国務大臣は議会に対して責任をもつ存在とすること、第四原則、人民の自由・権利の保護を強化することであった（古関彰一『新憲法の誕生』八九〜九〇頁）。

これに較べれば、民間の憲法研究会が一二月二七日に発表した憲法案ははるかに進んだ内容のものであった。「日本ノ統治権ハ国民ヨリ発ス」、「天皇ハ栄誉ノ淵源ニシテ国家的儀礼ヲ司ル」という規定も、社会権・生存権を重視した人権規定も、まさに画期的であった。しかし、この憲法案には戦争、軍隊についての条項が入っていなかったことは、すでに指摘した通りである。

一二月二七日には、連合国の極東委員会が設置され、日本の憲法変革の指令は同委員会の検討ののちに発することが定められた。このことはGHQ、マッカーサーを緊張させることになる。

年が明けて、一九四六年元旦にはGHQの促しで、天皇の人間宣言がなされたのだが、その直後の一月二五日マッカーサーは天皇を戦犯として訴追しないとする方針をワシントンに通知した。この時点で、二月一日、毎日新聞が憲法問題調査委員会の試案（宮澤甲案）をスクープした。その内容はなおきわめて保守的であった。明治憲法の第一条、「大日本帝国ハ（……）天皇之ヲ統治ス」を「日本国ハ君主国トス」と変える、第二条には第四条をもってきて、「天皇ハ君主ニシテ此ノ憲法ノ条規ニ依リ統治権ヲ行フ」とする。第四条にあった「元首」という言葉はのぞくとされていた。もっとも大きい変更点は、明治憲法の第一一条(天皇の陸海軍統帥権)と第一二条(天皇の陸海軍編制権)を削除するとしたことであるが、これはあたりまえのことである(古関、同上、九一～九三頁)。天皇制政府の機関では天皇制についての抜本的な改革案は出せないのである。これは民間の憲法研究会との決定的な差であった。

周知のように、この毎日新聞の日本政府案の暴露に合わせるかのように、マッカーサーは一九四六年二月三日、憲法案をGHQで用意させるための三原則を提示した。

一、天皇は国の元首の地位にある。皇位は世襲される。天皇の職務および権能は、憲法に基づき行使され、憲法に示された国民の基本的意思に応えるものとする。

二、国権の発動たる戦争は、廃止する。日本は、紛争解決のための手段としての戦争、さらに自己の安全を保持するための手段としての戦争をも、放棄する。日本は、その防衛と保護を、今や世界を動かしつつある崇高な理想に委ねる。日本が陸海空軍をもつ権能は、将来も考えられることはなく、交戦権が日本軍に与えられることもない。

三、日本の封建制度は廃止される。(以下略)(古関、同上、一一四～一一五頁)

この第一原則がこの年制定される日本国憲法の第一条に対応し、第二原則が第九条に対応していることは周知のとおりである。そして、天皇制国家を改造するためには、第一原則が打ち出されるのは当然である。しかし、第二原則が打ち出されたのは、唐突と思われた。このため、この原則がどこからきたのかということが憲法史学では長く論議されてきたのである。

古関彰一によれば、このマッカーサーの原則が出される一〇日ほど前、幣原首相がマッカーサーを訪問したときの会話が注目されてきた。幣原は「世界中が戦力を持たないという理想論を始め、戦争を世界中がしなくなる様になるには、戦争を放棄するということ以外にはないと考える」と話し出すと、マッカーサーは、涙を目にためて、「その通りだ」と言い出したという。天皇を戦犯として訴追せよという意見が出ているので、「戦争放棄を世界に声明し、日本国民はもう戦争しないという決心を示して外国の信用を得、天皇をシンボルとする事を憲法に明記」することで二人が合意したというのである。これは、幣原が友人の枢密顧問官大平駒槌に語った内容を伝え聞いた大平の娘羽室三千子が書き残したメモに基づく話である。

しかし、これははなはだ曖昧な伝聞で、とても信用できる証言ではない。天皇を「象徴」とするということはまだ話題に出ていない段階で、それを憲法に書くことが合意されたという一事をとっても疑問がわく。それに幣原が日本の進むべき道は非武装国家であるということを表明したのは、この時が最初ではない。すでに見たように、幣原は四五年九月天皇の外国人記者の質問に対する回答を作成し、そこで天皇の考えとして非武装国家を志向するとの方針を打ち出していたのである。その立場は四五年秋から冬にかけて日本の公論となった「平和国家」＝非武装国家論の一翼をなしたものである。したがって、一九四六年一月の幣原とマッカーサーの会話をマッカーサー第二原則の基礎におくのは木を見て森を見ない、まったく的はずれの議論である。むしろマッカーサーは、四六年はじめには広く見られた平和国家、非武装非戦国家をめざして進むという天皇と国民の志向を確認し、それに基づいて、このとき彼の第二原則を出したと考えるのが自然である。

古関彰一は憲法九条の原作者は幣原であるという研究者の中にある考えを批判し、「戦争放棄構想の発案者は誰か」ということと「戦争放棄を憲法条項にしたのは誰か」ということは別の問題であると正しい主張をのべながら、戦争放棄条項の原作者はマッカーサーであると断定して、天皇の戦犯訴追、天皇の退位を回避するために、マッカーサーが戦争放棄をふくんだ新憲法の制定を急がせたのだ、と主張している。

しかし、戦争放棄の条項を新憲法にふくめることが天皇の戦犯訴追、天皇の退位を回避することになるという主張には、論証がない。すでに述べたように、この時点で憲法を制定すれば、軍備のない国家を前提にしなければならないのだから、戦争放棄の条項を天皇の戦犯訴追をまぬがれさせるための手段だと言うことには本来無理があるのである。

もちろんこのマッカーサーの第二原則がGHQ内部でまとめられた次のような憲法案の第八条となったことは間違いない。

「国権の発動たる戦争は、廃止する。いかなる国であれ他の国との紛争解決の手段としては、武力による威嚇または武力の行使は、永久に放棄する。陸軍、海軍、空軍その他の戦力をもつ権能は、将来も与えられることはなく、交戦権が国にあたえられることもない」（古関、同上、一二三頁）。

このGHQの憲法案が、旧態依然たる天皇主権の「憲法改正要綱」と説明書を松本大臣がGHQに提出した五日後の二月一三日に、吉田外相と松本につきつけられるのである。日本側はこれを受け取って日本化する作業にかかり、三月二日には完成して、日本案とし、GHQと協議を開始した。戦争放棄の条項は第九条となったが、その内容は次のようなものであったことが知られている。

「戦争ヲ国権ノ発動ト認メ武力ノ威嚇又ハ行使ヲ他国トノ間ノ争議ノ解決ノ具トスルコトハ永久ニ之ヲ廃止ス。陸海軍其ノ他ノ戦力ノ保持及国ノ交戦権ハ之ヲ認メズ」（古関、同上、一七七〜一七八頁）。

三月六日、政府は憲法改正草案要綱を発表し、翌日の新聞各紙がこれを報じた。口語による帝国憲法改正草案が発表されたのは三月一七日のことである。

三月二二日、枢密院の審査委員会で憲法改正草案の審議が開始され、六月三日には枢密院本会議で可決された。それから六月二五日に衆議院へ上程され、二八日には特別委員会、通称・芦田委員会へ付託された。

この特別委員会での検討で、第九条の冒頭に、「日本国民は、正義と秩序を基調とする国際平和を誠実に希求し」という一句が挿入されるにいたるのであるが、このことは塩田純『日本国憲法誕生――知られざる舞台裏』(日本放送出版協会、二〇〇八年)や、古関彰一の新著『平和憲法の深層』(ちくま新書、二〇一五年)で明らかにされている。この付け加えに貢献したのは、社会党の議員、鈴木義男であった。彼には同僚議員の森戸辰男の『改造』論文が影響をあたえていたことは予想されるところである。

新憲法案がこの委員会で修正可決されたのが八月二一日である。八月二四日には、衆議院本会議で可決された。圧倒的多数が賛成で、反対は共産党の五票と他二票、計七票であった。これから貴族院へ回付、さらに修正可決されて、衆議院へ戻された。ついに一〇月八日衆議院で可決され、憲法は成立した。最終的に反対したのは共産党の五議員のみであった。

一〇月一七日、極東委員会が憲法再検討を決定した。その手続きを終えて、日本国憲法が公布されたのは一九四六年一一月三日であった。その第九条は、以下の通りである。

「日本国民は、正義と秩序を基調とする国際平和を誠実に希求し、国権の発動たる戦争と、武力による威嚇又は武力の行使は、国際紛争を解決する手段としては、永久にこれを放棄する。
②前項の目的を達するため、陸海空軍その他の戦力はこれを保持しない。国の交戦権はこれを

認めない」。

丸山幹治は新憲法が公布されたとき、彼はコラム「余録」に次のように書いて、第九条をもつ憲法の制定を歓迎した。「戦争放棄の規定を持った憲法は前例がないではないが、今の日本ほどこの目的を達するための客観的条件を備えていた前例はどこにもない。この客観的な平和への熱望によって全国民は「新しい希望に胸をふくらませ」ねばならない。日本人は確かに欠点の多い国民だが、しかし、また特長もある。欠点を反省するとともに特質をどんどん伸ばして行かねば駄目だ。何よりもわれわれは希望と自信を持たねばならない。その希望と自信の基礎になるのも又新憲法だ」(「新憲法の客観的条件」『毎日新聞』一九四六年一一月四日)。

憲法改正が審議される過程で、吉田茂首相は戦争放棄の第九条の規定は、自衛権を否定していないが、自衛権の発動による戦争は否定されると主張した。四六年六月の帝国議会衆議院本会議で、吉田は「戦争抛棄ニ関スル本案ノ規定ハ、直接ニハ自衛権ヲ否定ハシテ居リマセヌガ、第九条第二項ニ於テ一切ノ軍備ト国ノ交戦権ヲ認メナイ結果、自衛権ノ発動トシテノ戦争モ、又交戦権モ抛棄シタモノ」だと答弁している(議事録)。

戦後平和主義のめざした非武装、非戦の平和国家は日本国憲法に定式化されたのであった。

3 日本の非軍事化、皇族の非軍事化

平和国家日本の実現は、日本の非軍事化である。日本の非軍事化の最大の中心は軍隊の解散、軍隊の廃止である。それとともに重要な意味をもったのが、天皇と皇族の非軍事化である。

マッカーサーの原則と憲法の第一、第九条は日本国民の戦後平和主義の原意識に照応しており、それに一つの明確な形をあたえたものと言ってよい。天皇制の改造存続と戦争放棄、軍備廃止は完全に結びつけられている。民主化された天皇制と完全なる非軍事化が定められた。

新憲法の下で、完全に非軍事化されたのは天皇と皇族であった。天皇は旧憲法下では、第一一条で「天皇ハ陸海軍ヲ統帥ス」、第一二条で「天皇ハ陸海軍ノ編制及常備兵額ヲ定ム」、第一三条で「天皇ハ戦ヲ宣シ和ヲ講シ(……)」、第一四条で「天皇ハ戒厳ヲ宣告ス」と定められたように、軍事の最高権能を独占的に掌握する存在であり、軍における地位は大元帥であった。

また近代天皇の正式の衣装は軍服であった。明治維新直後、一八七一年明治天皇が服装の研究を命じ、七二年の行幸のさい、「燕尾形ホック掛けの正服」で出かけた。それがあまり評判がよくなかったものか、七三年に皇族を陸海軍に入隊させることを決めるとともに、明治天皇は自らも軍服を常時着用することにしたのである。天皇の肖像は軍服姿のものに統一された。最初はそれが慣習であったが、一九一三年(大正二年)制定の皇室令第九号で、天皇の服装が完全に定められた。宮中

祭祀をのぞく一般の服装は陸軍式と海軍式の二種類の軍服となったのである(『毎日新聞』二〇〇九年一月一七日)。

天皇が行う軍務は、平時には閲兵式への参加、軍事演習の観閲、靖国神社祭典への参加、士官学校、海軍兵学校行事への参加であり、戦時には大本営への参加、最高戦争指導会議の主宰であり、平時戦時をとわず軍人にたいする勲章の授与であった。

皇族男子の公務は軍務であった。一八七三年一二月九日「皇族今より陸海軍に従事すべく仰せ出だされ候」という宮内省通達が出されてから、年長者をのぞき皇族男子が軍務につきはじめたが、のち一九一〇年の皇族身位令に次のように定められるようになって、完全にこの義務は確定したのである。「皇太子、皇太子孫は満十年に達したる後、陸軍及海軍武官に任ず　親王・王は満十八年に達したる後、特別の事由ある場合を除くの外、陸軍又は海軍の武官に任ず」(浅見雅男『皇族と帝国陸海軍』文春新書、二〇一〇年、三五、三七頁)。

旧憲法下では、皇族男子はすべて陸軍士官学校、海軍兵学校に学び、例外なしに軍人となった。昭和天皇の三人の弟のうち、秩父宮雍仁は、陸軍士官学校を出て、弘前第八師団歩兵第三一連隊大隊長(少佐)をつとめ、のち大本営陸軍部参謀になったが、その一年後、結核を発病して、療養生活に入った。高松宮宣仁は海軍大学を卒業して、海軍軍令部に勤務し、大本営参謀となった海軍大佐であった。末弟の三笠宮崇仁は陸軍大学を卒業し、支那派遣軍参謀、大本営参謀をつとめた陸軍少佐であった。

浅見雅男は、明治から昭和の敗戦まで、四八名の皇族が軍人となったと数えている。うち三名は大韓帝国の皇族から日本の皇族に繰り込まれた人であった。このうち、高い地位についた者としては、陸軍参謀総長を一九三一年から四〇年までつとめた閑院宮載仁、海軍軍令部長を一九三二年から四一年までつとめた伏見宮博恭、防衛総司令官を一九四一年から四五年までつとめ、敗戦後総理大臣となった東久邇宮稔彦、一九三七年一二月から翌年二月まで南京占領作戦を行った上海派遣軍司令官朝香宮鳩彦などをあげることができる。東久邇宮稔彦と朝香宮鳩彦は兄弟である。

このありかたが敗戦後に一変する。まず四五年一一月八日、「大正二年皇室令第九号天皇の御服ニ関スル件」が改正された。天皇の陸軍式及び海軍式の御服、軍服が廃止され、あらたな天皇服が定められた(『昭和天皇実録』昭和二〇年下)。

四五年一一月三〇日、陸軍省と海軍省が廃止された。その翌日、一二月一日、天皇は軍服を着て、侍従武官府廃止に伴って退任する陸海軍侍従武官八人と会い、別れの言葉を述べた。それが天皇が軍服を着た最後であった。午後、国民服に着替えた侍従武官たちは赤坂離宮の皇太子に暇乞いに行った。吉橋戒三陸軍大佐は日記に皇太子が述べた言葉を記録している。

「永イ間、側近奉仕誠ニ御苦労デアツタ。殊ニ終戦時ハ大変デアツタト思フ。今後トモ御国ノ為ニ尽ス様ニ」(加瀬英明『昭和天皇の戦い』三三三頁)。

同じ時、天皇は軍籍を離れた高松宮、三笠宮ら皇族一一人と会い、「勅語」を発した。侍従木下道雄が書いた言葉である。これは皇族の非軍事化の宣言であった。

「皇祖考曩《サキ》ニ典ヲ定メ　皇族男子ヲシテ齋《ヒト》シク軍務ニ服セシメ給フ　卿等優旨ヲ奉体シ　夙《ツト》ニ身ヲ軍籍ニ置キ　恪勤励精咸《ミナ》能ク著績ヲ挙グ　朕深ク之ヲ嘉《ヨミ》ス　今ヤ未曽有ノ変局ニ際会シ　皇国武ヲ偃《フ》セ兵ヲ去ル　卿等宜シク宇内ノ大勢ヲ察シ　朕ヲ輔ケテ太平ノ方途ヲ開キ　進ンデ世界文化ノ興隆ト人類福祉ノ増進トニ寄与セムコトヲ期スベシ」(『昭和天皇実録』昭和二〇年下。木下道雄『側近日誌』六七頁)。

「武ヲ偃セ兵ヲ去ル」とは、戦争をやめ、軍隊を解散した、という意味である。そして、「太平の方途」とは、「平和国家の道」ということである。皇族にこれからは「平和国家」で生きよと求めたのである。

五　戦後平和主義の弱点

1　責任論・責任意識の貧弱さ

戦後日本の平和主義、「平和国家」論は新しい平和な時代、平和な社会に対する強い願望と決意を内容としていたが、内容的には、漠然たる反戦・反軍の平和意識にとどまっていた。過去の戦争を否定し、軍部と軍隊を否定し、これまでの日本は「戦争国家」であったと考えていたのはたしかである。しかし、戦争はどうして起こったか、戦争の実相はどのようなものか、戦争は他国民にどのような被害をもたらしたのかということについては、明確な認識はなかった。反省し、翻身しようとする者の考えが最初はその程度のものであったのは仕方がなかった。どこから、どのように考えていくか、その手がかりは、この一切の破局を招いた責任は誰にあるのかと問う戦争責任論にあった。

問題は戦後の日本で責任論議が鋭くもなく、熱心に行われることもなかったということである。戦争責任を構造的に認識し、責任の度合いに応じてきびしく追及し、責任をとる、あるいはとらせるという議論が貧弱であった。戦争の責任は軍部にあるとみる点で一致していたが、それ以上に戦争責任を掘り下げて考えることがなかったのである。ここに戦後平和主義の基本的な弱点があったと言わなければならない。

周知のごとく、東久邇宮首相は一九四五年八月二八日の内閣記者団との会見の際、「政府、官吏、軍人自身がこの戦争を知らず識らずに敗戦の方に導いたのではないか」「更に国民道義の低下といふことも敗因の一つと考へる」として、「この際私は軍官全体が徹底的に反省し懺悔しなければならないと思ふ。一億総懺悔をすることが我等再建の第一歩であり、我が国内団結の第一歩と信じる」と述べた。いわゆる「一億総懺悔」論である。

すべての人に戦争の内容と帰結の責任がある。だから、みなが総懺悔しなければならない、というのはいい。それは第一歩である。しかし、人によって、立場と地位によって、戦争責任の軽重の差があるのは当然である。戦争責任の構造を考えてこそ、戦争の時代の日本について全体的な認識をもつことができるのである。当然ながら、「一億総懺悔」論への反発がただちに現れた。信夫清三郎は、そのような声として、菊池寛の「総ザンゲなんていうことは、そういう戦争責任の連中をかばうためのカモフラージュだよ」という言葉や、鳩山一郎の「総ザンゲとは一人もザンゲせざると同様なるべし」、「総ザンゲというのはコッケイだ」という言葉を紹介している（信夫清三郎『戦後日本政治史Ⅰ』）。

東久邇宮内閣が一〇月五日に総辞職すると、幣原喜重郎内閣が成立した。幣原は一九二四年以降、四度外相をつとめたが、三一年以後の戦争時代には一度も政府の要職についたことがなかった。だから彼が戦後日本の二代目の首相となったのは無難な登用だったが、他方では、無力な老人の登場と受け取られたのも否めない。彼は七三歳だった。

一一月五日幣原内閣は「戦争責任に関する件」について閣議決定を行い、天皇の戦争責任を否定した。一一月一一日、前首相東久邇宮は敗戦の道義的責任をとって、皇籍を辞退した(『昭和二十年の「文藝春秋」』)。

議会内では、敗戦後の再出発のために新党の結成が相次いだ。一一月二日、まず日本社会党が結党された。結党大会の開会の辞を述べた浅沼稲次郎は、国体護持を主張した。大会終了時には賀川豊彦が「天皇陛下万歳」を唱えた。所属議員は一五名であった。一一月九日には鳩山一郎が率いる日本自由党が結党大会を開いた。鳩山は一九三〇年代はじめの犬養、斉藤内閣で文部大臣をつとめたが、戦争時代は軍部に抵抗し、大政翼賛会に反対して、翼賛選挙に非推薦で当選した人物だった。自由党は旧政友会系の議員が主体であったが、鳩山が求めて、嶋中雄作(中央公論社)、石橋湛山(東洋経済新報社)、石井光次郎(朝日新聞社)などの言論人、菊池寛ら作家などを入党させた。総裁は鳩山で、幹事長には河野一郎がなった。所属議員は四五人であった。

一一月一六日には、自由党と対立する日本進歩党が結党大会を開いた。これは、一九四五年三月に翼賛政治会の改編でできた大日本政治会が看板をかえたものであった。戦争を支持してきた体制派である。総裁は元民政党総裁の町田忠治、幹事長は鶴見祐輔であった。進歩党所属議員は二七二人である。議会内ではこの他に無所属クラブが九二人、純粋無所属が二人であった。

一一月二七日戦後第二回目の第八九回帝国議会が開会した。翌二八日、鳩山の自由党が「議員の戦争責任に関する決議案」を提出した。幣原首相はこの日施政方針演説を行ったが、その演説は、特別の印象を与えるような方針を含んでいなかった。ただ最後に、幣原は次のように述べた。

「大東亜戦争敗績ノ原因及ビ実相ヲ明カニ致シマスルコトハ、之ニ際シテ犯シタル大イナル過チヲ、将来ニ於テ繰返スコトノナイ為ニ必要デアルト考ヘマスルガ故ニ、内閣部内ニ大東亜戦争調査会ヲ設置致シマシテ、右ノ原因及ビ実相ノ調査ニ着手スルコトト致シマシタ」（以下は『第八十九帝国議会衆議院議事速記録』第二号による）。

最初に質問に立った進歩党議員、斎藤隆夫は、幣原首相が「日本全国民モ戦争ノ責任ヲ負ハネバナラヌト明言セラレテ居ラレル」として、首相の記者会見での発言を批判した。斎藤は「今日戦争ノ根本責任ヲ負フ者ハ東条大将ト近衛公爵、此ノ二人デアルト私ハ思フノデアリマス」、「此ノ両人ニ対スル国民ノ恨ミト云フモノハ実ニ深刻ナルモノガアル」と言い、東条はすでに戦争犯罪人として検挙されたのに、近衛公は「政治上ニ於ケル責任モ執ラレル所ノ形跡ハナイ」、政府はどう考えているのかと質問した。

幣原首相は、戦争の責任が国民一般にあるというようなことを「申シタコトハナイ」と述べた上で、「特定ノ政治家ガ戦争ノ責任ガアルカドウカト云フコトヲ」政府が「表明致シマスコトハ適当ナコトデナイ」と答弁した。「戦争責任者ノ追究」について「国民ノ間ニ血デ血ヲ洗フガ如キ結果トナルヤウナ方法ニ依ルコトハ好マシクナイ」というのが首相の考えであった。

この日の会議で戦争責任問題に触れたのは、他には三田村武夫だけであった。彼は、東条首相を推薦したのは重臣たちではないかとして、米内光政海軍大臣を攻撃した。米内も鈴木貫太郎元総理も外国特派員の質問に答えて、戦争は長くは続けられないと思っていたと述べたようだが、自分たちは「突撃命令、突撃命令」で、「最後ノ一人マデ戦フノダ」ということばかり聞かされていた。「一体ドチラガ本当ナンデス、私ハ悲シミト怒リヲ含メテ申シタイ、戦争ヲ止メル積リデアツタナラ、何故早クオ止メニナラヌ、命ガ惜シカツタデハ済マサレマセヌ」。三田村は外国の記者団に余計なことを言って、国民に申し訳ないとは思わないのかという思いをこめていた。幣原内閣では過去一〇年間戦争指導の任に当たった者は入閣させないという方針を立てたとのことだが、石渡宮内大臣も、平沼枢密院議長も三回大臣をやっている人ではないか、と批判した。これに対して、幣原首相は、米内海相は「主戦論者」でも「帝国主義者」でもなかったと弁護した。米内大臣は、外国人記者に話した内容はご指摘の通りだ、それ以外のことは答えないと議論を回避した。

一一月三〇日に再開された本会議では、復員したばかりの福家俊一が、戦争責任者は「重臣、軍閥、官僚、財閥並ニ政治家等ノ中」にいる、彼らはいまも元の地位にある、「上天皇陛下ヲ欺キ奉リ、下国民ヲ誤ラシメ、而モ此ノ光輝アル三千年ノ歴史ヲ亡ボシタ其ノ罪洵ニ万死ニ値スルモノガアルト思フノデアリマス」と攻撃した。この人々を「徹底的ニ究明シ、其ノ責任ヲ明確ニスベク方途ヲ講ズベキデアル」というのが彼の主張だった。幣原首相は、福家の気持ちはわかるが、政府として責任追及することは「容易ナ問題デハアリマセヌ」と言うにとどまった。国務大臣岩田宙造は、法律で政治責任を裁くことは望まない、「道義上、社会上ノ責任制裁」で世の中に立てないようにすることを願っていると発言した(『第八十九帝国議会衆議院議事速記録』第三号による)。

このような議論の末に、一二月一日、戦争責任に関する二つの決議が一括して議題とされるにいたった。まず、先に出ていた鳩山一郎他一一名の決議案は次のような内容のものであった(以下は『第八十九帝国議会衆議院議事速記録』第五号による)。

讀賣報知　昭和二十年十二月二日

讀賣報知

戰爭責任追及決議
進歩黨案を可決す
議會第四日 選擧法改正案上程

衆議院本會議

迎合議員の責重大 安藤氏辯明

きのふ親任式

読売報知, 1945 年 12 月 2 日

議員ノ戦争責任ニ関スル決議

ポツダム宣言受諾以来我カ戦争責任ニ付テハ深甚ナル反省カ加ヘラレ既ニ軍部、財界及言論界ハ相次イテ自粛ノ実ヲ示スノ秋独リ政界ノミ恬《テン》トシテ反省ノ実ナキハ真ニ遺憾ニ堪ヘス国民ヲ代表シテ範ヲ天下ニ示スヘキ衆議院カ此ノ際戦争責任ヲ明確ニセスシテ議案ノ議事ヲ進ムルカ如キハ断シテ許スヘカラサルコトナリ大東亜戦開始以来政府ト表裏一体トナリテ戦時議会ノ指導ニ当レル者ハ此ノ際速ニ其ノ責任ヲ痛感シテ自ラ進退ヲ決スヘシ

右決議ス

この決議は戦争責任についての具体的考察を欠くもので、翼賛議会の指導者を追放して、議会内での自派の指導権を確立したいという日本自由党の思惑を表していた。

これに対して一宮房治郎外進歩党系二五名が対抗的に「戦争責任ニ関スル決議案」を提出した。それは次のようなものであった。

今ヤ我国ハ一大敗戦ノ結果思想政治経済社会ノ全面ニ亘リ肇国《チョウコク》以来未曽有ノ危局ニ直面セリ此ノ秋ニ当リ道義日本建設ノ方途ヲ確立シ以テ万世ノ為ニ太平ヲ開カント欲セハ今次敗戦ノ因由ヲ明ニシ其ノ責任ノ所在ヲ糾シ将来斯ノ如キ不祥事再発ノ危険ヲ杜絶スルノ途ヲ講セサルヘカラス

惟《オモ》フニ戦争責任ナルモノハ之ヲ国際的ニ稽《カンガ》フレハ、世界平和ヲ攪乱スル無謀ノ師ヲ起サシメタル開戦責任ト開戦後ニ於テ国際条規ニ背反スル惨虐行為ヲ行ヒタル刑事犯罪トニ止ル宣戦以後国家ノ命令ニ奨順シテ合法的ニ戦争遂行ノ為職域ニ挺身シタル一般国民ニ及フヘキモノニアラス

翻テ今次敗戦ノ因ツテ来ルトコロヲ観スルニ軍閥官僚ノ専恣ニ基クコト素ヨリ論ナシト雖彼等ニ阿附策応シ遂ニ国家国民ヲ戦争強行ニ駆リタル政界財界思想界ノ一部人士ノ責任モ亦免ルヘカラサルトコロナリ

我等職ニ立法ノ府ニ列ル者モ亦静カニ過去ノ行蔵ヲ反省シ深ク自粛自戒シ新日本建設ニ邁進セ

サルヘカラス
右決議ス

こちらは、議会の多数をにぎる翼賛派の勢力を維持するために、戦争責任が広く各方面にあるという一般論を展開し、そのかげにかくれて、自らの責任を目立たなくさせる決議であった。

鳩山一郎らの決議案の趣旨説明は自由党の安藤正純がやり、一宮房治郎らの決議案の趣旨説明は進歩党の作田高太郎がやった。社会党の水谷長三郎は自由党案支持の演説をして、宮沢裕(宮沢喜一の父)が進歩党案の支持演説をした。採決にあたって進歩党は起立採決を求める動議を、自由党は記名投票を求める動議を出したが、起立採決を求める動議が多数で採択され、その結果、進歩党決議案が起立多数で採択されたのである。

議会での戦争責任の論議はこれで幕引きとなった。低調な討論、消極的な政府答弁に終始したものであった。そして、ここでは天皇の戦争責任について、誰一人口にする者はなかった。

2　天皇の責任と幻の退位論

戦争責任を論じることの行き着くところは、天皇の戦争責任論である。このことをもっとも早く、自覚的に、明確に立論していた集団が存在した。天皇の「聖断」による終戦の実現を追求した南原繁ら東京帝国大学法学部七教授であった。そのメンバーは政治思想の南原以外には、民法の我妻栄、アメリカ政治の高木八尺、商法の田中耕太郎、労働法の末延三次、日本政治史の岡義武、商法の鈴木竹雄であった（以下は向山寛夫「南原繁先生の終戦工作」『回想の南原繁』岩波書店、一九七五年、二〇八〜二一二頁。『聞き書　南原繁回顧録』東京大学出版会、一九八九年、二六四〜二七七頁による）。

南原繁は一九四五年三月九日に法学部長に就任した。その日の夜、東京は大空襲にみまわれた。翌朝動いていた山の手線で上野まで来て、歩いて大学へ向かった。すべて焼け野原であった。硝煙のにおいが消えず、道ばたには菰をかぶせた死体がころがっている中を進んで、大学についた。帰りもまた目白まで歩いて帰った。本郷から小石川のあたりまでは、同じように焼け野原であった。南原は東京帝国大学法学部の責任者として、この現実の中で何をなすべきかを深く考えざるをえなかった。

戦争をやめさせなければならない、そのために行動しようと南原は決断した。その工作の同志として、七人の同僚を引き入れることにしたのである。もっとも心の通じた相談相手はアメリカ政治の高木八尺であった。彼は内大臣、木戸幸一と学習院での同級生であった。南原が高木と考え、のちに七人で同意した終戦工作の構想は次のようなものだった。

まず、終戦の時機。ドイツ降伏の後、アメリカが沖縄に上陸する前に終戦を実現しようと考えた。ドイツ降伏は五月だろうと見通した。これは正確だった。第二に、どのように連合国と連絡をとるか。これは、アメリカと直接やるのがよいと考えた。近衛や外務省はソ連を仲介者にするという考えであったが、南原は「事柄を複雑にしてはいけない」という考えであった。ソ連を仲介者にする試みが失敗したことを思えば、南原の判断の方がより現実的であった。第三に、陸海軍の分離をはかり、海軍の代表者に終戦が必要だということを表明させることを考えた。海軍の中心人物、米内光政海相に働きかけるつもりであった。第四に、終戦の条件としては、終戦を速やかに行うためには連合国の講和条件をそのまま受け入れることにする。そして第五に、天皇の裁断を仰ぎ、終戦の詔書を作成する。これによって陸軍内の徹底抗戦論者を抑える。この形式がもっとものぞましい、というのが南原たちの考えであった。さらにこの詔勅において、天皇は「内外に対する御自身の責任を明らかにされる」ことが必要である。「その意味は、終戦後、適当な時期において退位されるということが言外に含まれているわけです」と、南原はのちに説明している。もとより天皇制は護持する立場であった。

向山の整理では、この最後の部分は独立の項になり、次のように説明されている。

「終戦における国民道徳の基礎を確保するために天皇は終戦の詔書において、とくに内外に対する自己の道義的責任を明らかにするとともに、終戦後、適当な時期に退位することとし、天皇制は維持するが、強大な天皇の大権を制限するなどの措置を講じて、その民主化をはかること」（向山寛夫「南原繁先生の終戦工作」二一二頁）。

このような構想をもって、南原たちは近衛文麿、若槻礼次郎、石黒忠篤農林大臣、東郷茂徳外務大臣、木戸幸一内大臣、宇垣一成大将、高木惣吉海軍少将らに会い、説得していったのである。

南原自身は後年、「結局、私たちのしたことは効果がなかった。主観的な自己満足にすぎなかった」と述べている。だが、手順が狂い、大きく遅れたが、この構想が政治家たちに与えた影響はまぎれもなく、原爆投下とソ連参戦を経て、実現されたのだと見ることができる。

天皇の「聖断」によって、戦争を終える、ということを考えた人は他にもいたが、構想の体系性、一貫性の点で、南原の構想は際立っており、中心的な役割を演じたと評価できる。南原の構想のもっともすぐれた点は、天皇の戦争責任を論じて、戦後における退位を天皇の「聖断」による終戦と組み合わせた点である。南原は天皇が敗戦時に「平和国家」を提案することについては予想しなかったが、このことを考慮に入れれば、天皇退位の道義的必要性の認識は、南原において一層切実性を増したであろう。戦争は天皇の名において行われたのであり、その天皇が「戦争国家」から「平和国家」への翻身を主導するとすれば、ことがなった上では、自らの戦争責任について責任をとらなければ、「平和国家」の精神的な権威、精神的な力が生まれないからである。

南原らの天皇退位論は孤立していたわけではない。木戸が巣鴨プリズンの中から天皇にそのような進言したことは知られているし、天皇の兄弟、高松宮も三笠宮も、皇族首相東久邇宮も天皇退位を現実的に考えたことが明らかにされている(吉田裕『昭和天皇の終戦史』岩波新書、一九九三年)。

南原繁は敗戦後四五年一二月に東京帝国大学総長となった。彼は四六年二月一四日、東京帝国大学憲法研究委員会を発足させた。そして、四月二九日、東京大学の天長節記念式典の式辞で、南原は天皇の戦争責任について次のように論じた。

「今次の大戦について政治上法律上、陛下に何の御責任のないことはかく明白でありましても、それにも拘らず、その御代に於てかかる大事が惹き起され、そして肇国以来の完全なる敗北と悲惨な状態に国民が陥つたことについて、御宗祖に対し、また国民に対し、道徳的精神的御責任を最も強く感じさせられるのは陛下であると拝察するのであります。諸臣臣節を解せず、責任を回避せるその中に、陛下がかく感じさせられるのは蓋し吾が国至高の道徳であり、これによつて吾が皇室はこれまで国民生活の中心として尊崇せられ来つたのであり、今後祖国再建の精神的礎石は一にそれに懸けられてゐるからであります。そのことを自覚せられ、ひとり御胸に秘めながら、静かに苦悩に耐へさせられて、暫くこの歴史的転換の混乱の時期を憲法改正へ、能ふべくんば平和条約締結へと、御躬《みづか》らの尊き義務を果されつつあることと拝察し、その御心事に吾ら涙なきを得ませぬ」（南原繁『祖国を興すもの』帝国大学新聞社出版部、一九四七年、六七～六八頁）。

南原は、今や「多くの変革」がなされつつあるとして、その変革の第一に、「再び戦のことを学ばぬ「平和国家」」の建設をあげた。ついで「文化国家」「民主国家」「自由国家」の建設である。

新憲法の制定、天皇が「国民統合の象徴」となることも見通している。しかし、もっとも深刻なのは「極度の経済的物質的窮乏」と「それに劣らぬ精神的混乱」であると指摘している。そして次のように結んだ。

「敗戦後最初の天長節を迎へ、真理と教育の府たる大学が敢てこの日を祝し奉る所以は、この十数年国家の苦悩と運命を御一身に担ひ来給うた陛下に、学徒としての心からの敬愛と感佩の誠を表はし奉ると同時に、いま激動と混沌の只中に歴史的転回の大業を基礎づけ給ふことに依り、いづれの日にか、国民の道義的精神生活の中心として、天皇躬らの大義を炳《あき》らかにし給はんことを庶幾《こひねが》ふがために外なりませぬ」(同上、七四頁)。

いつの日か、天皇は退位することによって、道義的精神的な責任をとっていただきたい——これは東京帝大講堂の壇上から発された熱誠の訴えであった。

天皇退位の主張は、日本社会の中に当時かなり広く起こっていた。国外に亡命していた日本共産党の幹部野坂参三は、「当面は天皇の退位を追求する」との明確な綱領をもって日本に帰った。彼の主張は四六年一月一三日の『朝日新聞』の紙面で開陳された。そこで、彼は「政治制度としての天皇制」の廃止を主張する、皇室の存続は人民の意志によるとした上で、現天皇については退位を主張した。「現在の天皇は、軍部と同様、戦争の最高の責任者の一人であり、戦争犯罪人の一人であることは何人にも明白である。もし天皇に、いささかの責任感があるならば即時退位すべきである」。

だが天皇制廃止論でかたまっていた日本共産党の主流は野坂の議論を受け入れようとしなかった。共産党の戦後の大きな影響力を考えると、このことは致命的であった（この点については、和田春樹『歴史としての野坂参三』平凡社、一〇八、一六二〜一六七頁）。

天皇退位論は、法学者の中に強かったと言ってもいい。四八年八月二六日の『読売新聞』には、東大法学部教授、横田喜三郎の「天皇退位論」が載っている。そこで、横田は最高裁長官三淵忠彦と東大総長南原繁が天皇退位論の持ち主であると述べた上で、彼らの発言がむしろ曖昧であると批判して、天皇の退位について明確に論じている。

「あらためていうまでもなく、新しい日本は民主主義と平和主義の国として再建されなくてはならない。まず、平和主義の点から見れば、いままでの極端な軍国主義と帝国主義を清算しなければならない。そのためには、いままでの軍国的帝国主義の最高の代表者であつた天皇の退位は、当然というよりも、むしろ必然である。かつては軍国的帝国主義の日本を代表し、かずかずの侵略戦争に最終的な承認を与えた天皇が、そのまま、平和国家を建設しようとする新しい日本の象徴として残るということは、理論的に不可解であり、実際的にも不可能である。

つぎに、民主主義の点から見ても、この主義のために、わけても、この主義のもとに行われる政治のために、もつとも重要なことは、責任を重んじることである。（……）もしそうだとすれば、新しく民主国家を建設しようとするにあたつて、日本の国家と国民を今日の苦境におとしいれた過去の重大な責任をあきらかにすることは、なによりもたいせつな第一歩でなくてはならない。この過去の最高の責任者がその責任をとろうとせず、国民もまた責任をとらせようとせず、たがいにあいまいのうちに葬り去るならば、どうして真の民主国家が建設されようか。最初のスタートにおいて、すでに重大な過失をおかすことになる」。

横田は、南原の七教授グループには入っていなかったが、彼の考えは、ほぼ同一線上にあった。南原グループの一人、田中耕太郎が第二代の最高裁長官をつとめたあとをうけて、横田は一九六〇年、第三代の最高裁長官になるのである。つまり、最高裁長官は初代の三淵忠彦以下第三代長官にいたるまで、天皇退位論の立場の主張者だったということになる。

だが、天皇退位論が戦後日本の国民的な意見となることはなかった（冨永望『昭和天皇退位論のゆくえ』吉川弘文館、二〇一四年を参照してほしい）。そして、天皇は講和条約締結、占領時代の終わりが来ても、退位することはなく、一九八九年まで在位したのである。

3　中国侵略に対する人々の態度

日本が敗北したとき、沖縄県民も、本土の国民も、アメリカ軍に攻められて、打ち負かされたと感じていた。勝利者として乗り込んできたのはアメリカ軍とマッカーサーであった。真珠湾攻撃以後の対米戦争は失敗であった、国力の差を見ずに、アメリカ相手の戦争をしたのは、愚かであった、勝てるはずがない無謀な戦争をしたという見方が一般的であった。だが、対米英戦争に突入する前に、中国で戦争をして、泥沼に落ちたということも、知らない人はなかった。戦争は一九四一年一二月八日にはじまったのではなく、一九三一年九月一八日に始まった。「満州事変」、「支那事変」、そして「仏印進駐」となって、「大東亜戦争」にいたったのだ。終戦の詔書、玉音放送を聞いた国民には、そのことはわかっていた。

さらに、中国人のことをいやでも考えなければならなくなる契機も与えられた。四五年八月一五日、蔣介石主席がラジオ放送を通じて演説したことは重要なニュースであった。その原文は次のようなものであった。

「われわれが一貫してさけんできたことは、ただ日本の好戦的軍閥を敵とし、日本の人民を敵とはみとめなかつたことである。……われわれはけつして報復を企図するものではない。(……)なほさう汚辱をくはへんとするものではない。……もしも暴*を以て従前の暴に報い、汚濁を以て従前のあやまれる優越感に答へるならば、冤と冤は相報じとこしへにとどまるところはない。これは決してわれわれ仁義の師の目的ではない」(『新中国』創刊号、一九四六年一月、馬

場公彦『戦後日本人の中国像』二〇一〇年、九五頁)。

＊訳文中の「暴行」を原文の「暴」に訂正した。

この演説は日本の政治家、軍人に強い印象をあたえた。東久邇宮首相は八月一七日施政方針を放送したが、その中で「万邦共栄」、とくに中国との和解を強調した(『読売報知』一九四五年八月一八日)。さらに彼は四七年の手記の中で、「中国に詫びる」という項をつくり、次のように書いている。

「終戦直後、蔣介石主席の発した――暴に報いるに、暴をもってせず――との道義的訓示は、日華関係に関心をもつ各方面の人心を、深く感動させた。中には――日本は、中国に戦争に敗けたが、その上、道義でもまた敗けた――というものもあった。

また、蔣介石主席は、カイロ会議で、将来の日本の国体に関する問題が出たとき――日本の国体のことは、日本人が決すべきである――との意見であったと聞いている。

私の組閣直後――中国に謝罪使を派遣すべし――との意見が、民間に有力に起ってきて私の耳にも入っていた。

私も、心から詫びたいと思っていた。実は私自身、謝罪使となって行ってもよいと考えた。もし、それが出来なければ、近衛公に行ってもらう考えであった。

日華事変が、こんなことになったのも、もともと、近衛公が――蔣介石を相手にせず――という例の声明を発したからである。(……)

日本は確かに道義でも中国に敗けた。

中国に対する認識を改めよ、中国及び中国人を尊敬せよ――私は、繰返し繰返し強調しておきたい」（東久邇宮稔彦『私の記録』東方書房、一九四七年、二〇五～二〇八頁）。

石原莞爾にも、中国に対する特別の感情があったことは明らかである。石原の敗戦直後の談話（『読売報知』一九四五年八月二八日）の最後の部分の見出しは「支那に罪を謝せ」となっていた。彼は「蔣介石は先般重慶全軍に対して「暴に報ゆるに暴を以てすべからず、日本との永い抗争は水に流した、日本人に危害、掠奪の暴挙をするな」との布告を放送したといふが、正にこれなどは東方道義に徹した尊敬すべき態度で、王道精神の顕現である。ここにおいて私は支那には戦争でも道義でも完全に敗けたと痛感した」と述べているのである。

中国との関係の深かったアジア主義者たちの中にも、中国への侵略に関わりながら、中国人が日本軍に勝ちぬいたことを認め、それをたたえる気持ちを抱いた者がいた。宮崎滔天、萱野長知の仲間で、孫文、蔣介石と交わりのあった金子克己という人物がいる。彼は佐世保の出身であった。佐世保は勝利したアメリカ海軍の基地となっていた。一九四五年を送る大晦日、港内の米海軍の艦船はサーチライトを照らし、汽笛を鳴らして、勝利の新年を迎えるのを祝った。敗戦の前年に病をえて中国から帰国していた金子克己は病床で、そのアメリカ人たちの戦勝の熱気を感じながら、息子文麿に語った。その印象的な言葉を聞いて、私は、一九七三年に出した本の最後に書き留めておいた。

「蔣［介石］君は実によかった。日本に勝つのが彼の宿願で、それを達したのだ。天皇陛下には申し訳ないが、昔の同志として心から喜びたい」（和田春樹『ニコライ・ラッセル――国境を越えるナロードニキ』下巻、三七二頁）。

金子は翌月、四六年一月に死んだから、これは日本人への彼の遺言といえる。大事なことは、日本人は中国人に負けたのだ。このことを忘れてはならない。金子はそう言い残したのである。

このように、日本人が中国人との戦争に敗れたという認識が敗戦時に日本の政治指導者にはある程度共有されていたのである。そして、蔣介石が寛大な演説をしてくれたことへの感謝の気持ちも広く存在していた。中国人に負けたのだという意識は、中国に攻め込むような戦争を二度としてはならないという気持ちとなり、戦後平和主義の中の反戦意識とつながっていた。日本は二度と戦争をしないという不戦の誓いは何よりも中国を念頭においたものであった。しかし、中国の戦争で日本は何をしたのかについては、極東軍事裁判においてある程度のことは明らかになったものの、それをさらに深めた認識にして、侵略戦争に対する明確な反省と謝罪の意識をしっかりともつにはいたらなかったのである。

一九四六年には蔣介石の国民党軍と毛沢東の共産党軍との間で内戦がはじまり、ついに四九年には国民党軍は敗北して、台湾に逃げ込むにいたった。日本を打ち負かした中国が分解することになり、日本人の意識は混乱し、台湾と北京の二つの中国に対する態度は政治的に分裂することになった。

日本政府はアメリカの要請で、五二年に台湾の中華民国政府と日華平和条約を結んだが、毛沢東に負けた蔣介石を低く見て、国民感情を口実に、中国側の賠償請求権承認の要求を拒否した。国民もこの条約締結を黙認した（和田春樹「歴史の反省と経済の論理――中国・ソ連・朝鮮との国交交渉から」『現代日本社会』7、東京大学出版会、一九九二年）。

このころ、中国に対する新しい認識を促す知識人の活動がはじまった。とくにめざましかったのは中国文学者竹内好の活動であった。彼が訳した魯迅の作品（『魯迅評論集』岩波新書、一九五三年。『魯迅作品集』筑摩書房、一九五三年など）も日本の青年知識層に大きな影響をあたえたが、彼の『現代中国論』（河出市民文庫、一九五一年）は戦後日本人が中国について書いた最も重要な本である。竹内は、中国共産党であれ、国民党であれ、中国人が日本に向ける批判に対し、日本人は正面から対すべきことを主張した。しかし、そのような態度はなかなか皆のものにはならず、中国に対する態度は、政治的な立場で決められてしまう場合が多かった。

もとより毛沢東の中国についての紹介は中国革命に好意をよせる日本人には大きな影響をもった。その中では、エドガー・スノウ『中国の赤い星』（宇佐美・杉本訳、筑摩書房、一九五二年）の役割はとくに大きかった。一九五六年には撫順の戦犯収容所が閉鎖され、戦犯の裁判が行われ、全員が刑の執行を停止されて、帰国を許された。戦犯に対する中国共産党政府の人間的な取り扱いが広く好感をいだかせた。帰国した元戦犯の兵士たちを中心に、中国帰還者連絡会(中帰連)が結成され、中国の戦場で日本軍がどれほど残酷な作戦をしたかを国民に知らせる活動をはじめた。その代表的な出版物が神吉晴夫編『三光——日本人の中国における戦争犯罪の告白』(カッパ・ブックス、一九五七年)である。この本によって、殺し尽くし、焼き尽くし、奪い尽くすという三光作戦が日本国民に知られるようになった。

このころ五味川純平の長編小説『人間の條件』(三一新書、一九五六年から)がベストセラーになり、満州と中国本土での戦争の実態について知らせた。

戦後の日本人の意識には、その鮮明度はさまざまではあったが、日本の中国への侵略戦争のイメージがふくめられていた。そのことが戦後日本平和主義を支えていたと考えることができる。

一九七二年の日中共同声明により、日本は大陸中国と国交を樹立するにいたるが、その声明において、「日本国は、過去において日本国が戦争を通じて中国国民に重大な損害を与えたことについての責任を感じ、深く反省する」と謝罪した。戦後二七年をへてなされた謝罪であった。国民は、政府の謝罪を支持し、日本と大陸中国との国交樹立を歓迎した。

4 朝鮮植民地支配に対する無関心

戦後の日本人には、中国を侵略し、その国の人々を蹂躙したことへの反省がある程度はあったとすれば、朝鮮を三六年間植民地支配して、朝鮮人を戦争に巻き込んだということの認識、朝鮮人に申し訳ないと思う気持ちはほとんど生まれなかった。政治家にも官僚にも、一般国民にもそのような気持ちがなかった。戦後平和主義は朝鮮植民地支配への反省を欠落させた意識であった。これがもっとも深刻な問題である。

天皇の「終戦の詔書」には、次のような注目される箇所がある。「朕カ陸海将兵ノ勇戦朕カ百僚有司ノ励精朕カ一億衆庶ノ奉公各々最善ヲ尽セルニ拘ラス戦局必スシモ好転セス」。

陸海軍の将兵、それから官僚たち、そして一億の民が奉公して、いろいろ最善をつくしてくれたが、戦局は好転しなかったというのである。この一億というのは、大東亜戦争の戦士の数をさす数字で、「一億一心」「一億総決起」「一億総特攻」「一億玉砕」などと使われたのだが、その一億人の内訳を一九四〇年（昭和一五年）の国勢調査で見ると、日本本土が七三一一万人、朝鮮半島が二四三三万人、台湾島に五八七万人、その他関東州などで三〇〇万人、である。つまり一億人の戦士のうち七割は日本人で、二割五分、つまり四人に一人は朝鮮人なのである。だから、天皇はあの「詔書」で、朝鮮人にもよびかけ、挨拶しているつもりだったのだろう。

ところで、朝鮮人の方は、そんな挨拶に聞く耳をもたなかった。朝鮮でも、日本でも、天皇の玉音放送を聞いた瞬間、朝鮮人は歓喜に躍り上がった。日本の降伏、敗北は朝鮮の解放だと瞬時に感じ取ったのである。それは敗戦の衝撃を受けて、呆然として、涙にくれる日本人とは正反対の反応であった。

雑誌『世界』は敗戦後一〇年にあたり、「私の八月十五日」という手記を募集し、一九五五年八月号に佳作一〇篇を掲載した。一〇篇のうち二篇が朝鮮人に触れている。銀行員であった当時二二歳の北山みねが書いている。

「私たちの職場の銀行にも時代の波は押し寄せた。まず朝鮮人の集団がつめかけて帰国費をよこせと気勢を上げた。私も銀行の前でいきなり朝鮮語で話しかけられて、さては同国人と間違えられたかとびつくりしたが、かれらはみな日本語が話せるくせにわざと母国語を使つていたらしい」。

朝鮮人が朝鮮語を話すということが日本人を馬鹿にするというふうに映っているのである。山の中の地下工場で働いていて名古屋に荷物を取りに来た宮澤信子という当時一八歳の娘も書いている。

「荷造りした行李を持つて市電の乗場に並んでいた私達を、突然走つて来た目も鮮やかな朝鮮服の一団が押しのけた。彼等のお祭りのような服装は、一面の焼野原の中に、妙にぎらぎらと輝いた。口々に朝鮮語でわめいては、どつと笑いくずれるその空気は、明らかに私達を話題にし、嘲笑しているのが感じられた。なぜなのか私には解せなかつたが、電車が走り出すとその人達は、乗り遅れた私達に手を振りながら「独立、独立、万歳」と日本語で叫び、又どつと笑つた。独立！　何か直感するものがあつて、私は頰が硬ばつて行くのを覚えた」。

朝鮮人が独立、独立だと喜んでいる。朝鮮の服を着て、朝鮮語を話し、朝鮮語の歌を歌っている。それを見ると、意気消沈し、どうしていいかわからない日本人は、圧迫される感じ、馬鹿にされたような感じになってしまうのである。本当ならば、独立をこんなに喜んでいるとすれば、朝鮮人はこれまでどんなに苦しかったのかがわかる、そういうふうに思って、これまでのことはすまなかった、これからは独立国同士で仲良くしてほしいという程度には考えていくべきなのだ。しかし、うちひしがれた日本人はそういう精神的な境地にはとても進めなかったのである。

日本国家の体制に統合されてきた国民は、急には考えを変えることは難しい。国民が変わるためには、問題を国民に提起して意識改革を促す導き手が必要である。朝鮮のことをよく知っていて、朝鮮人の気持ちがよくわかっていて、植民地支配はどういうものなのか、よく理解している知識人が、国民に向かって、問題を説明し、新しい考えでやっていかなければいけないと提起することが必要だった。しかし、戦後の日本にはそういう知識人がいなかったのである。

戦後日本において代表的な良識ある雑誌として知られている『世界』の創刊五号目の一九四六年五月号は、東京大学の助教授丸山真男の有名な論文、「超国家主義の論理と心理」を掲載した。丸山真男は第一章で紹介した親天皇的平和国家論者丸山幹治の息子である。天皇制国家を解剖し、この呪縛から解放されなければならないと主張する戦後を代表する丸山真男の論文が載ったのと同じ号に、鈴木武雄「朝鮮統治への反省」が掲載されている。鈴木武雄は京城帝大の教授で、マルクス主義財政学者であった。しかし、戦争中は彼は朝鮮人を皇国臣民として動員するイデオローグの役割を果たした人だった。

この論文で鈴木は「朝鮮統治の性格と実績に対する我々の側における深刻なる自己反省」が必要だと述べているが、その内容は「内鮮一体」「皇民化」の反省にすぎなかった。朝鮮人も日本人も一視同仁の臣民として扱うという考え方は、一面では「理想主義的な性格」をもっていたが、他面では、「行き過ぎた同化政策」(皇国臣民の誓詞の斉唱、創氏改名)となり、「全面的な失敗」に終わったのだと主張している。これが鈴木の「反省」の内容であった。鈴木は、経済面では朝鮮の経済が日本統治下で驚異的に躍進したと述べ、これは今後「朝鮮人にとつて明らかに幸福な資産」となると主張している。「日本の朝鮮支配が本質的には帝国主義的であつたことは率直に認めなければならないが、しかし一切を公式的に簡単に片附けてしまふことは却つて良心的な反省とならない場合が多い」。

結局、鈴木は満州事変以後、とくに日中戦争以後、日本が植民地支配を過酷にし朝鮮人を皇国臣民化して戦争に動員したことについての反省を述べるだけで、日本が日露戦争によって朝鮮を保護国とし五年後に併合してはじめた植民地支配については、それが朝鮮を近代化して恩恵をあたえたかのように肯定しているのである。これは帝国主義者の方法的反省であって、帝国主義そのものの反省にはなっていないのである。驚くべきことは創刊から四年間、四六年から四九年まで『世界』に載った朝鮮問題に関する論文はこの鈴木論文ただ一本だけだったということである。

では、もう少し朝鮮人の気持ちによりそって、問題を提起する知識人はいなかったのかと求めれば、頭に浮かぶのは矢内原忠雄である。彼は、戦前における日本帝国主義研究の第一人者であり、さらに無教会派のキリスト教徒として、朝鮮のキリスト者と深い交わりを持った人である。一九四〇年に東京帝大教授の職を追われたが、戦後は東大にもどり、社会科学研究所の初代所長、教養学部長、東大総長をつとめた。戦後日本のイデオローグの一人である。その人からは、朝鮮との関係についてどのような指針があたえられたか。

矢内原は、一九四五年一〇月に木曽福島で「日本精神の反省」という講演をしている。彼は日本精神の問題性が朝鮮でより深刻にあらわれたと指摘しているのである。朝鮮において神社参拝が強要され、参拝しないキリスト教会はつぶされた。「その結果として日本の朝鮮統治は暴政である、人間の自由、信仰の自由を蹂躙するものであるということが世界に拡がった」のだ。キリスト教を否定したことは日本の中でも問題を起こし、朝鮮の中でも問題を起こした。だから日本精神を廃して、キリスト教に帰依しなければならない。これが矢内原の講演の結論であった。

四八年一〇月には、矢内原は「管理下の日本――終戦後満三年の随想」という論文を書いている。その中で、日本もかつて植民地を統治する国であった、全ての学者が同化主義は非科学的であるとし、自主主義は合理的であることを指摘したにもかかわらず、日本の政府は一貫して同化主義の政策を改めず、そして特に満州事変以来は「皇民化政策」を推進したと批判した。そして次のように述べた。

「私は日本の植民地統治が悉く害毒であったということは思わない。少なくとも経済的開発と普通教育の普及は植民地社会に永続的利益を与えたものと思う。ただし思想的同化政策の一項に至っては旧植民地民族の何人もこれを想起して好感を持つ者はないであろう」。

矢内原の批判も同化主義の批判にとどまっており、鈴木武雄の反省と変わらないことがわかる。帝国主義の研究者、金教臣の心の友である矢内原から、こういう言葉しか聞けなかったというのは戦後の日本の悲劇であったと言わなければならない。

もちろん戦後の日本でも、朝鮮植民地支配に対する反省をもとめる真剣な論者がいなかったわけではない。共産党員の歴史家、石母田正の『歴史と民族の発見』(一九五二年)に収められた「堅氷をわるもの」という文章はもっとも深い思想を含んだものだと考える。石母田は書いている。「日本は植民地支配をやめた、日本人は自由な世界市民になれるし、ならねばならないと多くの人は考え、一足とびにその目をアメリカとヨーロッパに釘づけにしている」「われわれの過去の一切の頽廃は、この朝鮮民族の圧迫とぬきさしのならない深い関連をもっておるばかりでなく、(……)一度敗戦してからはそれが全くの奴隷と乞食の根性に転化していったあの特徴的な変化によく見られるような特殊な「民族意識」の構造も明治以降の他民族圧迫と関連している」。

この石母田の主張を歴史家たちがどれだけ深くうけとめたかは、わからないが、戦後の日本の歴史家の大部分を占めたマルクス主義的な歴史家たちは、近代の日本が早くからアジア侵略の道に立ち、日清戦争、日露戦争を行い、台湾、朝鮮を併合したことを認識し、その歴史像を書き続けてきた。しかし、その認識は国民的な認識にはならなかったし、政府の認識にもならなかった。

五二年にはじまった日韓会談は、五三年一〇月、日本側首席代表久保田貫一郎の発言によって、決裂の事態となった。久保田が、日本の統治は韓国に多くの利益をあたえた、日本が進出しなければ、韓国は別の国に占領され、もっとミゼラブルな状態に置かれただろうと言ったのに対して、韓国代表は「昔のことは水に流して、すまなかったという気持ちを」日本側がもつかもたないかは、日韓会談の基礎であり、「当方は歩み寄りの余地はない」と述べて、会談場を去ったのである。このとき、日本政府も、野党の両派社会党も、朝日新聞などの大新聞も、みな韓国政府代表の態度を非難した。

石母田論文を読んだ高校一年生であった私はそのとき日本をおおう多数意見に対して「自分は従うことができない」と感じていた。私がそのように考えることができたということは、戦後平和主義の弱点を克服する可能性が若い世代の中にあることを示したものであると考えることができる。

すべてを総合して考えれば、戦後平和主義、「平和国家」論が前提にしたコンセンサスは、戦後日本で受け入れられたポツダム宣言の歴史認識、東京裁判の歴史認識であったと言えるだろう。満州事変から日本は戦争の道に進み、中国侵略のはてに、太平洋戦争に突入した。この愚かで、誤った歴史を反省するというような認識である。一九三一年から一九四五年までの「一五年戦争」(鶴見俊輔の命名)の反省である。しかし、その前の戦争の歴史にさかのぼることは難しかった。一八九四～九五年の日清戦争で日本は中国から賠償金をとり、台湾を併合した。一九〇四～〇五年の日露戦争で日本は朝鮮を保護国にすることをロシアにみとめさせ、五年後に併合した。一八九五年から一九四五年までは五〇年である。五〇年にわたる日本のアジア戦争を全体として反省的に認識しなければ、朝鮮植民地支配の反省は生まれない。

朝鮮植民地支配に対する反省がないところが戦後日本の平和主義の最大の弱点であった。戦後の日本人の努力は、この弱点の克服に向けられねばならなかった。それは長い過程である。

六　戦争の中の平和国家——朝鮮戦争

1 朝鮮戦争――新アジア戦争の第二の波

日本の敗戦は、東アジアで五〇年間つづいた日本の戦争の時代が終わったことを意味した。日本は天皇の決断で、平和国家に翻身し、国民がそれを支持し、承認した。知識人たちが「平和国家」とは非戦・非武装の国家であると説明した。五〇年間にわたり軍隊と戦争を賛美してきた国民が反軍・反戦の平和国家建設者となったのである。軍隊は解散され、天皇と皇族は非軍事化され、靖国神社以外の戦争と軍のシンボルは一掃された。

しかし、戦争国家日本は劇的に解体されたが、東アジアには平和は訪れなかった。日本の侵略と支配から解放されて自らの国民国家、民族国家形成を求めた諸民族はその国家形成の道をめぐって、共産主義者と反共産主義者に分かれて、対立し、戦争をはじめたのである。この対立に外部勢力が介入し、新アジア戦争三〇年の時代がはじまった。ヨーロッパからはじまった米ソ間の冷戦はさしあたり、新アジア戦争にとっての外部的条件に外ならない。

まず一九四六年中国で蔣介石の国民党政府軍と毛沢東共産党の人民解放軍の間で国共内戦と呼ばれる戦争がはじまった。満州から海南島まで広大な中国全土で戦われたこの深刻な戦争は三年間つづき、四九年共産軍の勝利で終わった。一〇月一日北京の天安門の上で毛沢東が中華人民共和国の建国を宣言した。敗れた蔣介石軍は台湾に逃げ込み、そこに中華民国の看板をかかげた。中国大陸の南につづくインドシナ半島では、四五年九月二日ホーチミンがハノイでベトナム民主共和国の独立を宣言したが、帰ってきた旧支配者フランスの軍が南ベトナムでベトナム共和国軍を攻撃し、インドシナ戦争をはじめた。フランスは四九年七月二日バオダイ帝の反共ベトナム国をサイゴンに擁立する。中国の内戦は終わったが、インドシナ戦争ははじまったばかりであった。

二つの戦争は新アジア戦争のはじまりであった。日本と沖縄を占領するアメリカは事態を重大視したが、ついに動かず、日本に対する占領政策を非軍事化・民主化の推進から経済の復興に切り替えただけであった。戦争はアメリカ占領軍のもとにある平和国家日本には遠い花火のごときものであった。

しかし、五〇年六月二五日に朝鮮戦争がはじまると、情勢は激変した。日本帝国の旧領土で日本の支配から解放された朝鮮半島はそのまま米国とソ連の分割占領のもとにおかれ、四八年、ソウルには反共産主義者の大韓民国、平壌には共産主義者の朝鮮民主主義人民共和国が生まれた。二つの国家は互いをみとめず、自らが全朝鮮の主権をもつと主張して、武力統一を目指した。中国の戦争が共産軍の勝利に終わると、ついに北の共産政権がソ連の支持をえて、行動を開始したのである。朝鮮戦争がはじまると、アメリカは国連安全保障理事会の決議をとって、全面的に介入した。日本と沖縄に駐留するアメリカ軍は大韓民国の救援に出動した。日本を占領する連合国軍最高司令官マッカーサーは朝鮮で戦う国連軍総司令官となった。東京のマッカーサーのGHQが国連軍の司令部であり、日本全土がアメリカの戦争の基地と化したのである。韓国の研究者南基正は、「平和国家日本が基地国家となった」と主張する（「朝鮮戦争と日本――『基地国家』における戦争と平和」東京大学博士論文、二〇〇〇年）。まさに平和国家の夢のような五年間が終わり、日本国民はおそるべき運命と対面することになったのである。

2　朝鮮戦争にのみ込まれた日本、政府の立場

一九五〇年六月二五日正午のニュースで日本国民は隣国での戦争勃発の報を聞いた。翌日の朝刊の一面トップには「北鮮、韓国に宣戦布告」「京城に危機迫る」「38度線総攻撃」「侵入軍、臨津江突破」という大見出しが踊った（『朝日新聞』）。

この日から一五日間、朝鮮の戦況は連日各紙一面のトップ記事であり続けた。自分たちの戦争が終わって、五年しか経っていなかった。日本国民が強い不安を感じたのは間違いない。

当初、政府は沈黙を守っていた。各政党も沈黙していた。その中で『朝日新聞』が二六日、二八日に社説を掲げて、国の統一は「民族の要望」であろうが、「武力闘争を正当化する根拠はない」「武器をおさめて原状復帰の道をとるべきである」と批判した。さらに七月一日には、隣国大衆の苦しみには同情を禁じ得ないが、日本はこの戦争とは「関係なき第三者の立場にある」「無縁のことを無縁と見」「いまの我々がかっての軍国主義日本の住人でないことを、自ら心にいい聞かせることを忘れてはならぬ」と主張した。「戦火はなるほど近い。が、それはいま日本のかゝわり得な

いものである」。

戦火が対岸に及んだが、自分たちは局外中立をたもちたいというこの姿勢が当初の一般的姿勢であったということができる。平和国家たることを宣言し、戦争放棄、戦力不保持をうたった憲法のもとにある国としては、当然の反応であった。

だが日本は敗戦国であり、米軍四個師団に占領されている国であった。日本を占領する連合国軍総司令官マッカーサーは、アメリカ極東軍総司令官を兼務していた。米大統領トルーマンは六月二七日、「共産主義者の侵略」に対して、韓国を支援するため、海軍と空軍の出動を命じたと声明した。さらに二九日、米国家安全保障会議は空軍の作戦を三八度線以北へ拡大するとともに、韓国南部へ地上軍を派遣することを決定した。九州小倉の第二四師団が七月一〜三日にまず出動した。

七月四日には岐阜から奈良の間に駐屯していた第二五師団が続いた。一二日、一四日には埼玉県朝霞の第一騎兵師団が横浜港から出発した。さしあたり動かなかったのは、北海道の第七師団だけであり、日本占領軍四個師団のうち三個師団が出撃して、東京以西の日本は、自動的に米軍の後方基地となったのである。いまやマッカーサーのＧＨＱ（総司令部）は朝鮮戦争を戦う米軍の前方司令部となった。

米国はそうしてもいいかと日本政府に訊くこともなかった。日本はアメリカ軍が占領している土地であり、日本の政府、国鉄、港湾、海上保安庁、すべての機関に対してマッカーサー連合国軍最高司令官は命令を発することができたのである。その命令をうければ、日本のあらゆる機関はただちにそれに従い、履行しなければならなかった。ミズーリ号艦上で降伏文書に調印した日本はマッカーサーのすべての要求に従うことを約束していたからである。

以下、著者が『朝鮮戦争全史』(岩波書店、二〇〇二年)で述べたところに従って、説明する。まず国鉄に対しては、GHQ民間運輸局、第八軍、第三鉄道輸送司令部がそれぞれ軍事輸送への協力を要求した。日本政府は六月二九日に、運輸総局長名で国鉄各鉄道局長にあてて「朝鮮動乱勃発に伴う緊急輸送について」という通達を発し、GHQ命令による兵員と軍需物資の輸送を優先的に行うよう命じている。敗戦後一〇〇トン以上の日本の船舶は、すべて総司令部日本商船管理局の管理下に置かれていた。米軍はその管理権をそのまま使い、日本船を自由に軍事海上輸送に動員した。

さらに日本は米空軍の出撃基地となった。グアムのB29、二〇機は沖縄の嘉手納に移動した。六月二九日には韓国軍の支援のために一七二回の出撃が行われた。七月に入って米本土西海岸から第二二爆撃大隊のB29が嘉手納に、第九二爆撃大隊のB29が横田に到着した。それぞれほぼ二〇機である。七月一四日横田のB29、一〇機が九分間隔で飛び立って、全州近郊の北朝鮮軍を爆撃した。一六日には嘉手納から出た四七機がソウルの操車場を爆撃した。八月初めには、さらに米本土からB29の部隊が投入された。第九八爆撃大隊が横田に、第三〇七爆撃大隊が嘉手納に到着したのである。八月半ばには、すでに横田と嘉手納には九八機のB29が集まっていた(Robert Futrell, *The United States Air Force in Korea 1950-1953*, New York, 1961)。

横田のB29に搭載する爆弾と燃料は米本土から運ばれて、神奈川の追浜に上げられ、南武線で横田に運ばれた。また山の手線を通り、新宿から中央線に入って、横田に運ばれた。二つのルートは沿線住民の生活のただ中を通っていた。

さらに嘉手納から横田に移った第三一写真偵察中隊のRB29も連日のように空からの偵察飛行に飛んでいた。これも横田基地の重要な機能となった。

こうして、日本を占領していた米軍はそのまま朝鮮戦争に参戦し、その結果、被占領国日本は自動的に全面的に戦争に協力する体制にくみこまれていったのである。憲法の前文と第九条が前提とした国際環境が存在しないことが一挙に明らかになり、日本「平和国家」は米国の戦争の体制の中で存続の危機に直面したのである。

では日本政府はこの事態にどのような態度をとったのか。政府は当初明らかに事態に当惑して、沈黙を守っていた。ようやく一週間して七月三日になって、関係閣僚会議、次官会議などを開いて、防空措置、非常事態宣言の必要性、軍事行動への協力策などを検討し、四日の閣議でアメリカの軍事行動への協力は差しあたり「行政措置の範囲内で」する、との方針を決めたのであった(『朝日新聞』一九五〇年七月四、五日)。

だがマッカーサーは猶予をあたえず、七月八日、日本政府に対し、警察予備隊七万五千人の設置と海上保安庁の八千人増員を指令した。目的については、「日本の警察組織は民主主義社会で公安維持に必要とされる限度において、警察力を増大強化すべき段階に達した」からと説明されたが(『朝日新聞』七月九日)、実際には、米軍部隊が朝鮮に出動して無人となった米軍基地を防衛し、日本国内における共産勢力、親北朝鮮勢力からの攻撃に対処することを目的としたのは間違いない。このようなことが占領軍司令官によって命令されるのは異常であった。しかし、吉田内閣はこれに無条件に従い、国会に諮ることなく、ポツダム勅令による行政手続きで警察予備隊の創設に向かった。日本政府としては日本国憲法にしたがって行動する必要があったが、GHQの命令は日本国憲法の上にくるものであり、無条件で実施されたのである。

七月一四日、開会した衆議院での施政方針演説で、吉田茂首相は朝鮮戦争に対する日本の態度をはじめて正式に表明した。首相は、北朝鮮軍の侵略に対して国連が武力制裁を決めて行動していることを支持する、と述べた。国際連合のこのたびの行動は「軍備撤廃の結果、わが安全保障はいかにするか」という国民の懸念を払拭してくれた、としている。つまり、侵略されたら国連が助けに来てくれる、というのである。その上で吉田は、「わが国としては、現在積極的に、これに参加する、国際連合の行動に参加するという立場ではありませんが、でき得る範囲においてこれに協力することは、きわめて当然のことであると考うるのであります」と結論した（以下は『第八回国会衆議院会議録』第三号による）。

その「でき得る範囲」での協力の内容は、この日の川崎秀二議員の質問に対する答弁で、明確にされた。

「国連の行動に国民は賛意を表するのみならず、その目的を達するように精神的に協力するが、積極的にわが国としては何らの行動を起こす理由がないのでありますから、精神的に協力する、あるいはできる限りにおいて協力するという考えであります」。

精神的に協力するが、積極的には協力しない、できる限りにおいて協力するというのである。

他方で、野党、社会党の鈴木茂三郎は、七月一五日の代表質問で、日本としては米英ソ中の「連合諸国の意見を反映してつくられた」憲法の中立と平和の立場を堅持し、「国際連合による集団の安全保障のもとに日本の領土と民族を世界の紛争と内乱と戦争の痛ましい惨害から防衛しなければならないとする立場」にあり、これは「二度と戦争に巻き込まれたくない（……）という国民感情とも一致する」と述べた。「われわれは（……）武力による侵略を不拡大の方針をもって制圧されんとしつつある国連の方針を精神的に支持する」が、「占領下にあって、国家の意思を発表する地位」になく、「降伏文書に基く占領軍の命令に服する以外に他の態度及び措置はあり得ないのであります」（同上、第四号）。

吉田首相は精神的には国連と米韓側を支持し、共産主義陣営に反対する、国連には協力すべきだと述べ、社会党鈴木委員長は国連を精神的に支持するが、憲法に従い、中立を守れとした。だが、国連への協力は「精神的に協力する」ことであり、日本は国連の行動に積極協力する立場にはないとする点で両者の主張は一致していた。

吉田首相は七月二一日の衆議院外務委員会で、当時話題になった日本人義勇兵の募集、韓国派遣の構想について、次のように述べた。「私は（……）許さない、許したくない考えであります。（……）軍備は（……）憲法において明らかにこれを放棄いたしておるのであります。私はこの憲法の軍備放棄、戦争放棄という条項は非常にいい条項であって、国民としてこれはあくまでも守るべきものであると考えますから、たとい再軍備の要求がよそからありましても、(……)日本国民としては受諾しないがいいと考えるのであります」(『第八回国会衆議院外務委員会会議録』第二号)。

政府と社会党の共通点はそれだけではなかった。国連へ「精神的に協力する」以外に、占領軍の命令にしたがうことはやむをえないとする点でも政府と社会党の間には一致点があった。七月二六日、衆議院外務委員会で、共産党の渡部義通議員が、占領軍司令官と国連軍司令官としてのマッカーサーの二つの立場の違いについて質問したのに対して、法務府総裁大橋武夫は「マッカーサー元帥が国内において発せられるところのすべての指令は、国連軍総司令官としての資格に基くものではなく連合国最高司令官としての資格に基くものである」「これに対しましては、一九四五年の一般指令第一号の第十二項によりまして、日本国の政府並びに私人はすべて迅速かつ誠実に服従する義務を負うているわけであります」と答弁した(同上、第四号)。

二九日にはおなじく共産党の風早八十二議員が指令に服従すると言っても、限界はないのかと質問したのに対して、大橋は「形式によつてのみこれを判断すべきであつて、実質的にこれを判断する余地を残すものではない」と答え、「朝鮮問題に関して、国連に精神的に協力するといふことは、(……)一般命令による指示を実行するといふこととは全然違い」、前者は「日本政府の一つの政策」であり、これに対して後者は「日本政府の義務」であると説明した(同上、第五号)。つまり、政策的に協力するのは、プラトニックなもの、精神的なものであり、実質的に、無制限に協力している

朝日新聞，1950 年 8 月 10 日

のは、義務として、占領軍の命令に服従しているだけだというのである。共産党は批判的であったが、鈴木社会党はＧＨＱ命令に服する形での戦争協力はやむをえないもの、と認めていた。

八月一〇日、政令第二六〇号「警察予備隊令」が公布され、ＧＨＱの民事課別室（ＣＡＳＡ）という名の軍事顧問団の指導のもとに、警察予備隊員の入隊試験が八月一七日に実施され、八月二三日には第一次合格者、七五〇九人が入隊した。九月一二日までの五次にわたる試験で、入隊した者の総数は三万七六二七人に達した。警察予備隊員はカービン銃で武装したが、それはすべて米軍の備品を貸与されたものであった（佐藤守男『警察予備隊と再軍備への道』芙蓉書房出版、二〇一五年）。

こうして、日本全土が朝鮮戦争の基地となっていき、海上保安庁も、鉄道も、船舶も、自治体も、日赤の看護婦も後方支援に動員され、政府は警察予備隊をつくって、米軍基地警備にあたる準備をととのえたにもかかわらず、それは自発的政策によるものではなく、義務として強いられたもの、占領軍命令に服従したにすぎないもの、という態度がとられたのである。

日本としては、国連と韓国に精神的な支持を与えるが、積極的な参加協力はしないという姿勢を守るとした。これによって憲法九条を守る態度が維持されたのである。

だが朝鮮の戦況は深刻であった。米軍が参戦したにもかかわらず、朝鮮人民軍は八月半ばには洛東江の線まで米韓軍を圧迫した。韓国政府は釜山を中心に完全に追い込まれた。このとき、日本外務省は、八月一九日付の見解「朝鮮動乱と日本の立場」を出した。この見解は、「北鮮共産軍」の侵略を「傍観」することは「民主主義の自殺にほかならない」と断じている。米国は「世界の平和と民主主義を守るために、武力に対して武力をもって立ち上がった」。国際連合も「実効的な措置に乗り出してきた」。この「二つの世界」の「実力的対決」は「思想戦」を伴っており、これとの関連では、「民主主義世界に住むわれわれすべてがすでに戦場にあるというべきである」。このような考えから、この戦争に対してあいまいな態度をとることは「敵前逃亡と同じ結果をもたらし」、共産勢力を利することになると、見解は主張している。戦争は「二つの世界」が共同で日本の安全を保障してくれることがありえないことであることを示したのであるから、共産主義世界に屈服するか、国連に協力して、その安全保障のもとに立つかのいずれかしかない。

「朝鮮における民主主義のための戦いはとりもなおさず日本の民主主義を守る戦いである。朝鮮の自主と独立を守るために戦っている国際連合軍に許されるかぎりの協力を行わずしてどうして日本の安全を守ることができようか」(『朝日新聞』一九五〇年八月二〇日)。

「でき得る限りの範囲で」協力する、つまり「精神的に協力する」という表明から、ここでは「許されるかぎりの協力」という言葉にエスカレートしているが、日本がこの戦争に具体的にどのような協力を行っているかについては一切述べず、またどのような協力を今後行うべきかについても、一言も触れていない。その意味では、この見解も日本政府の基本方針にそうものであった。

ところで、吉田首相は、この外務省見解が出されたあと、八月二九日、マッカーサーにひそかに書簡を送り、次のように述べていた。

「日本の政府と国民が貴官が必要とするいかなる施設ならびに労務をも提供する用意があり、かつこれを切望していることは間違いありません。私は、われわれが共産主義者の侵略にたいする国連の十字軍と協力するにあたってより多くをなしえないことを残念に思うだけです。最上の戦果をお祈り致します」(袖井林二郎編訳『吉田茂=マッカーサー往復書簡集』法政大学出版局、二〇〇〇年)。

マッカーサーの命令には、なんでも従い、施設、労務を提供する。しかし、それ以上の積極的協力はできないというのである。吉田の態度は変わらなかった。

外務省の八月一九日見解については、社会党書記長浅沼稲次郎は、八月二〇日九州遊説に向かう途中で、記者団に次のように語っている。

「社会党は朝鮮の事態に対しては武力行使による侵略を排し、国連による法と秩序の維持を精神的に支持するという基本的な立場をとっている。政府の発表した外務省の見解なるものは、自ら世界を完全に二分して日本はその一方につくべきであると断じているが、これは政府が国民の好戦的気分をあおって、自ら好んで国際紛争に介入せんとする不謹慎な態度と断ぜざるを得ない」(『朝日新聞』八月二一日)。

社会党右派の浅沼は、外務省のパンフレットの戦闘的な調子を批判して、吉田政府の立場を擁護したのである。

このとき日本の知識人グループが一つの重要な文書を用意していた。平和問題談話会の「三たび平和について」である。四八年の春、ユネスコの委嘱で東西八人の社会科学者が平和についての声明を出したのに応えようとした日本の科学者たちが、雑誌『世界』編集長の吉野源三郎の働きで、四九年に共同声明を出した。その後このグループは平和問題談話会という名称で最初の声明を『世界』五〇年三月号に発表した。「講和問題についての声明」である。その主張は、全面講和を求め、講和後の安全保障は中立不可侵と国連加入により、いかなる国にも軍事基地は提供しない、というものであった。憲法第九条と平和の精神が強調されていた。それに安倍能成、天野貞祐、和辻哲郎、笠信太郎といった人々も名をつらねていたが、中心になったのは清水幾太郎であり、共産主義者をも含んでいた(『世界』臨時増刊「戦後平和論の源流」一九八五年七月)。

この平和問題談話会は、朝鮮戦争開戦後の八月の討論にもとづいて、九月には「三たび平和について」という意見書をとりまとめ、一一月に発売される『世界』五〇年一二月号に発表した。この原案の作成には、清水に加えて丸山真男、都留重人、鵜飼信成らが重要な役割を演じた。

この意見書は、北朝鮮軍の破竹の進撃の段階で作成されたものだが、朝鮮戦争の現実とありうべき結末には、いっさい触れておらず、もっぱら米ソ冷戦を主題にして、抽象的に「戦争は(……)地上における最大の悪となつた」と語るにすぎない。米ソは全面的衝突を回避しようとしており、「二つの世界」の並存を高度化していくことが必要であり、そのために国連が役割を果たすことができる、「平和的共存」の中で両体制の接近、融合が実現されるであろうと述べている。米ソの戦争回避、平和共存ということが関心の的であって、朝鮮での戦争は「朝鮮事件」として、これを交渉で解決しようとするインドの外交姿勢を評価するところでのみ言及されるにすぎない。

つまり、起草者たちは、朝鮮戦争という眼前の現実から身をもぎはなして、米ソ冷戦という大状況に上昇していき、その中にはらまれている未来の可能性を取り出して、手前の現実を批判するという姿勢をとったのである。これはユートピア主義だということができる。

そのような姿勢をとることによって、この意見書は一切の戦争を放棄した憲法の「永久平和主義」に立脚して、二つの世界からの「中立」を主張し、その上で日本の安全保障を全的に国連に委ねることを主張する。この国連とは、朝鮮の平和と統一の実現という目標を掲げて戦争をしている現実の国連ではなく、あるべき理想の国連なのである。今一度「朝鮮動乱のような事態」の進展の中でどうするのかと疑問を出しながらも、意見書は、憲法により軍備は持つべきでないとくりかえし、国連が警察力を持つべきであると述べるだけである。徹底したユートピア的平和主義だと言っていい。

ここで主張されているのは、現実的で実行可能な政策的オールタナティヴではなく、単独講和、戦争協力、再軍備といった現実の動きを批判するための抽象的な基準としての理想である。この立場が野党である社会党左派や総評(日本労働組合総評議会)に採用されたのは自然である。五十嵐武士は、平和問題談話会の立場を「日本の国家的存立の理念の確立を説き、日本人の国際的な精神的自立を促す立場」であったとした(五十嵐武士『戦後日米関係の形成』講談社学術文庫、一九九五年、一九四頁)。しかし、ユートピア的平和主義は反政府野党の理念にはなりえたが、危機における日本平和国家を支える理念とはなりえなかった。

にもかかわらず、社会党の立場は国民の一部の根強い支持をえたし、平和問題談話会の意見は知識人層の広い支持を得た。日本国民の敗戦経験が生みだした戦争と軍隊への嫌悪の感情はそれほどに強かったのである。朝鮮戦争の中で何もなしえないが、どちらの戦争にも協力したくない、現実反発の国民感情こそ、ユートピア平和主義の立論を支え、同時に吉田路線を支えたものであった。その結果として、朝鮮戦争は戦争の基地に住む日本人にとって見えない戦争となった。戦争に国土と身体は巻き込まれていながら、日本人は頭では巻き込まれていないと考えていたのである。

3　戦争協力と平和国家の矛盾

しかし、日本人の戦争参加は時とともに進化した。マッカーサーは仁川上陸作戦を構想し、八月下旬より日本にのこる全予備兵力を結集して、作戦準備に取りかかった。作戦の主力となったのは八月一〇日から月末までに日本に到着した第一海兵師団と第七歩兵師団である。第一海兵師団は神戸から、第七歩兵師団は横浜から出発することになった。船団は九月一一日に出発した。海兵隊を運ぶＬＳＴ（戦車兵員揚陸艦）は四七隻に上った。

このうち三七隻には、日本人船員が乗り込んでいた。この三七隻は日本の企業に払い下げられた第二次大戦時の老朽艦であり、それが日本人の乗組員ごと動員されたものであった（Roy Appleman, *South to the Naktong, North to the Yalu*, Washington, 1992）。四七隻中の三七隻ということは、仁川上陸の海兵隊員の七九％は日本人船員によって上陸地点に運ばれたということである。仁川の海岸は遠浅で、この海岸を知っていた日本人がその操船術を発揮したのである。

仁川上陸作戦の成功によって、米韓軍は九月二七日にはソウルを奪還した。三日後、韓国軍には三八度線を越えて、北進せよとの命令が出された。朝鮮人民軍は総崩れになって、敗走する。この戦況で、日本人の不安感は一掃された。

この時点で、九月二一日から二四日にかけて、朝日新聞社は世論調査を行っている。「朝鮮事変について、国連に協力すべきかいなか」という質問に対して、「協力すべき」が五六・八％、「すべきでない」が九・二％であった。「協力すべき」だという人の中で、「全面的協力」が一〇・九％、「軍隊による協力」が一一・三％、「防共と思想的協力」が六・一％、「基地の協力」が四・一％、「人的資源」が二・九％、「経済協力」が一七・五％、「精神的協力」が一一・四％、「その他」七・六％、「わからない」が二八・二％であった。最初の三グループの積極協力派が二八・三％であるのに、のこりの消極的協力は三五・九％、わからないまで入れれば、七一・七％で、圧倒的である。吉田政府の方針が支持されていることがわかる(『朝日新聞』一九五〇年一一月八日、一五日)。

日本人の直接的戦争協力の次のケースは、海上保安庁職員の戦闘地域における機雷除去作業への参加であった。仁川上陸後、米韓軍が反撃に転じたあと、北朝鮮の沿岸には機雷が敷設されていることが明らかになった。想定されていた元山上陸作戦のためには、機雷の除去が必要である。米軍は一〇月はじめに第七合同作戦隊ＪＴＦ7を編成し、元山での掃海作業を行うことを決定した。この隊には米海軍の掃海艇一〇隻と日本の掃海艇八隻、それに韓国の一般船が編入された。日本の掃海艇は、戦後日本の沿岸の遺棄機雷の除去をすすめていた海上保安庁の掃海艇であった。これを朝鮮での作戦に使うことになったのは、米極東海軍司令部参謀副長バーク少将が一〇月二日に大久保武雄海上保安庁長官をよび、掃海艇の出動を命じたからである。大久保長官は吉田首相と会い、報告した。

「吉田首相は私の報告に対し、（……）バーク少将の提案に従うことを許可した。なお当時は、ダレス特使がしばしば来日し、（……）吉田・ダレス会談が行なわれるなど、（……）国際的にも微妙な立場であったので、この日本特別掃海隊の作業は秘密裡に行なうこととなった」（大久保武雄『海鳴りの日々』海洋問題研究会、一九七八年、二〇九頁）。

大久保長官は「提案」と書いているが、実質は「指令」であった。大久保はただちにその日のうちに全国の掃海艇二〇隻に対し、門司に終結して、二隊に分かれ、釜山へ向け出港するよう、指令を発した。一〇月六日、まず一〇隻の掃海艇、一隻の母艦が門司を出港し、うち八隻が上記第七合同作戦隊に入って、一〇月一〇日より元山港付近での掃海作業を開始した。乗組員二〇七名は国家公務員としての通常業務の延長線上で、この作戦に参加することになった。

元山はこの一〇日に陸上を進んだ韓国軍によって占領されていたが、周辺は制圧されていなかった。そのような状況の中での掃海業務はきわめて危険、かつ困難であった。沖合からの掃海作業ののち、一〇月一二日には二隻の空母の艦載機三九機が海上爆弾投下によって機雷を爆破した。そのあとに掃海艇が入ったのだが、たちまち米海軍の掃海艇二隻が残っていた機雷に触れて、沈没した。

つづいた第三の艇が岸に近づくと、北朝鮮の砲台から砲撃をうけた。二隻の乗組員中一三人が死亡し、三三人が負傷した。地上からの砲撃は、元山を占領した韓国軍が一七日にいたり周辺砲台も制圧したため、なくなったが、掃海作業はなお危険であった。同じ日掃海作業を開始した日本の掃海艇MS一四号が触雷して、爆発、沈没した。死者は司厨員中谷坂太郎(二五歳)、負傷者一八名の被害が出た。一八日には韓国の船一隻が触雷して、沈没した。日本の掃海艇の乗員には動揺が起こり、八隻のうち三隻が命令を拒否して、帰国するにいたった。

さらに一〇月二〇日には日本の第二次の八隻が作戦に参加した。米軍の元山上陸はようやく一〇月二六日になってはじまった。その後も掃海作業は続けられたが、最大の爆発は一一月二六日に元山港の入り口で起こった。タグ・ボートに引かれたクレーン船が触雷して、三〇人が死んだのである(Appleman, *op. cit.*, p.634)。日本の掃海艇の第二陣はこの日で作業を終えて、引き揚げた。あとには第三陣がのこって、一二月四日まで作業をつづけた。日本人の犠牲者はそれ以上出なかった。

機雷除去で死者一名を出したことは、掃海艇の作業実施の事実とともに、そのまま秘匿された。中谷坂太郎の葬儀は一〇月二七日にひそかに行われた。大久保長官は、故人は「米極東海軍司令部の命により重要な特別掃海の任務に従事中」殉職した、と弔辞を述べた。二九年後の一九七九年、中谷坂太郎は、日本国内の掃海作業で殉職した三名とともに、戦没者叙勲の対象に加えられ、勲八等白色桐葉章を与えられた。

海上保安庁特別掃海隊は、その間、仁川(一〇月一一日〜二〇日)、群山(一一月二二日〜一二月四日)、

海州(一二月一日~六日)、鎮南浦(一一月七日~一二月三日)でも掃海作業を行った。のべ五四隻、隊員のべ一二〇〇人が参加し、旧日本海軍士官五〇名が中心的な役割を演じたのである。

この作戦への参加は、日本政府が自らに課した戦争協力の限界をこえるものであったと言えよう。平和国家のたてまえはまさに危ういところに来たのである。

北進した米韓軍は、一〇月一七日には平壌を占領して、北上し、鴨緑江に向かった。今度は国連軍と韓国による朝鮮統一が実現されるかと思われた。だが、その瞬間、一〇月一九日、中国人民志願軍が鴨緑江を密かに越えて参戦した。その数は一〇月末には二六万人に達した。米韓軍はたちまち打ち破られ、三八度線めざして敗走する。

一二月中国人民志願軍はふたたびソウルに迫った。アメリカの危機意識はこの一二月から翌五一年一月にかけての時期に最高に達した。三八度線を突破され、ソウルを再占領されてしまうかもしれないという危機感の中で、一二月一五日、トルーマンはついにテレビと放送を通じて、深刻な事態を説明し、翌日正式に国家非常事態を宣言した。「共産主義的帝国主義の世界支配」と闘う決意が披瀝され、新しい動員機関、国防動員局(Office of Defence Mobilization)の設置が発表された。しかし、ワシントンは朝鮮の事態を打開するために取りうる方策を見いだせなかった。マーシャル国防長官以下三軍の長たちはソ連の攻撃が予想される日本へ兵力を送るべきで、朝鮮からは撤退したほうがいいという考えに傾いていた(小此木政夫『朝鮮戦争――米国の介入過程』中央公論社、一九八六年)。

一二月二九日に統合参謀本部はマッカーサーに新しい指令を送る。できるだけ敵に打撃を与えながら、もしも錦江の線まで敵が進出したら、朝鮮から撤退せよと求めるものであった(*FRUS, 1950*, Vol. VII, pp.1625-1626)。積極策はどこにもなかった。

この危機的な状況の中で、日本では、民主党総裁、芦田均が動き始めた。芦田はGHQの働きかけをうけ、五〇年一二月はじめ意見書を起草した。

「朝鮮事件を通じて共産主義国の侵略的意図は明瞭であり、日本も端的にその脅威にさらされている。こゝ数年にして第三次世界大戦の起る可能性は頗る強い。世界各国がかゝる見透しの下に汲々として準備を進めてゐる際に日本のみが傍観者の如き態度をとる事は許されない。是非とも国民的意思の統一を必要とする」。

「私が吉田総理に求めることは国民の輿論をこの方向に動員することである。政府が国民に向つて日本が危機に立つこと、日本人は自らの手で国を守る心構えを必要とすることを説き、政府自らその運動の先頭に立つて旗をふることが急務である」。

「自由党も社会党も「国連への協力」を標榜してゐる。然し具体的に何を寄与したかと言へば積極的な協力は何一つ(……)ない。それで果して米英の信頼をつなぎうるだらうか」。

芦田は自由、社会、民主の各党が協力する国民運動をおこすイニシアティヴを政府がとることを提案したものである。この提案をGHQ民政部にさしだすとともに、一二月七日吉田首相にも送った(『芦田均日記』第三巻、岩波書店、四〇八頁)。

芦田と吉田は、一二月一四日、官邸で会談した。芦田は朝鮮問題で日本が重大な危局に直面しており、挙国一致内閣が必要だと申し入れた。吉田は、共産党の非合法化は必要と考えているとほのめかしたが、社会党と話をするのは苦手だとして、自分にはこの提案を実行するのは無理だと答えた。

吉田はここにきても朝鮮の事態をそれほどの危機とは見ていなかった。一二月一六日、国会が自然休会に入るにさいして開かれた秘密議員総会で、吉田は芦田の挙国一致内閣の提案は「現在の日本の事態にそわぬ言動である」としりぞけ、朝鮮戦争はさほどの危険はないとの見方を提示した。

「世間には朝鮮問題は重大な時期に入っており、第三次世界大戦が必至という人もあるようだが、私は戦争は容易に起るものとは考えない。事態は憂うるに足らない。中共が最後の勝利をうるとは考えられず、朝鮮の戦乱が永続するとは思われず、適当なところで妥結するものと思う」(『朝日新聞』一二月一七日)。

吉田の見方はウィシュフル・シンキングの典型であった。彼に朝鮮の戦況についての独自の情報源があるはずはない。当のアメリカ国防省が韓国撤退、日本への逃避を考えている。事態は最悪であったのである。

芦田均の方ははるかに必死だった。彼は、GHQへの意見書が公開されるのに合わせて、一二月二八日、談話を出した。「いまや中共は朝鮮の支配をねらっているだけでなく、その次には日本をも米国の占領下から解放すると呼号している」「自ら守らぬ民族を他国民が血の犠牲で守りぬいてくれた事例は極めて少ない」。だから、共産党を排して、社会党を加えて、国民運動をおこし、「自主的自衛力の整備強化」へ進むべきだ、という内容である(『朝日新聞』一二月二八日)。

芦田の提案に対しては、社会党の浅沼書記長が、すかさず批判した。「朝鮮における最近の動向はわが国が無関心ではいられないのは事実だが、新憲法で平和非武装の宣誓をしたわが国としてはあくまで平和に対する確信と自信をもたねばならない」「連合国の管理下にある日本としては、その安全保障はあくまで国連の手でなさるべきを確信しつつ、アジアの動向を注視していくべきで、連合国がまだ何もいわない先から、軍備のことを口にするなどは真に国家のことを思う政治家のとるべき態度ではない」。吉田も二八日に記者団と会見し、「大変だ、大変だと騒いで大東亜戦争になった」と言い、危機意識をあおってはならないと述べたあとで、「一応憲法の精神を守るという考えで、軽々しく再軍備の問題を口にすべきではない」と強調した。ただし、彼は共産党と朝鮮人の争乱の鎮圧を主張し、「ことに一部朝鮮人のごときは他人の国へ来て治安をみだす、けしからぬ話だ。国の自衛の点からいっても相当の処置をしなければならぬ」と述べている(『朝日新聞』一二月二九日)。

　ここにおいても、吉田と社会党が憲法を守り、再軍備に反対するという点で一致し、芦田の自主自衛の路線に対抗していたことが明らかである。

　日本の新憲法の戦争放棄、戦力不保持の規定は、日本をうち負かした連合国、米ソ中英が共同して日本の安全を保障するということでなりたつものであった。その連合国の中心、アメリカと中国が日本の旧領朝鮮において戦争しているということは、憲法九条の基礎を破壊する事態であった。国連に期待すると言っても、国連が中国を相手に戦争しているのである。国連に安全を期待するなら、国連の戦争に協力し、参加しなければならなくなる。吉田がここで考えているのは、アメリカによる安全保障に依存しようということだった。日米安保条約への道であった。これに対して社会党の方は現実的な安全保障論をもたないユートピア的平和主義に向かっていた。一二月二八日の党の中央執行委員会は来る大会への議案に、全面講和、中立堅持、軍事基地提供反対の平和三原則をもりこむという左派の提案を採択した。一方で、右派の主張もあり、微妙なニュアンスがある。講和後の安全保障については、国連の集団保障に求めることとし、国連に加入するが、日本国憲法の特殊性が認められることを求める、としている。再軍備については、自衛権はあるが、憲法九条からして、現状では問題にならないとしている(『日本社会党の三十年』)。

　このとき、マッカーサーは一二月三〇日、朝鮮から撤退して、日本防衛に集中するか、それとも中国本土に対する限定的な戦争に打って出るか、という二者択一をワシントンにつきつけた。後者の内容は、中国沿岸の封鎖、艦砲射撃と空爆による中国の抗戦工業力の破壊、国府軍の朝鮮戦争投入、国府軍の大陸攻撃の許可である(*FRUS, 1950*, Vol.VII, pp.1630-1633)。統合参謀本部は一九五一年一月九日、いずれの案に対しても実質拒否の回答を送った。マッカーサーは苛立ち、翌一〇日、「米国は朝鮮から撤退するつもりなのか、そうでないのか」「朝鮮での軍事的地位を無限に維持する、限定された期間だけ維持する、それともできるだけすみやかに撤退を完了して、損失を最小限にする、どれが米国の現在の政策なのか」決定せよと電報を打ち返した(*FRUS, 1951*, Vol.VII, pp.41-43, 55-57)。

この一月一一日に米統合参謀本部がまとめた「共産中国と朝鮮にかんする行動方針」という文書を見れば、米国がどれほど追いつめられていたかがわかる。その文書では、目標は、(1)日本—琉球—フィリピンの線を防衛線とする、(2)台湾を共産側に渡さない、(3)ロシアとの全面戦争は軍事、産業動員の必要なレベルに到達するまで引き延ばす、(4)アジア大陸での共産主義の力による拡大をふせぐ(とくにインドシナ、タイ、マラヤにおいて)、(5)韓国を極力支持し、やむをえなければ亡命政府を支える、(6)中国に親米的政権を樹立するのを支持するとなっていた。だが具体的に提案されている行動は、中国への経済封鎖の実施と中国は侵略者だとする国連決議の採択程度であった(*Ibid.*, pp.71-73)。

韓国を失って亡命政府をどこかにつくらせるような状況であれば、中国に親米政権をつくる見通しなど立たないはずである。この方針はアメリカの混乱を表していた。

米国はこの戦争を朝鮮半島に局地化、限定して進めてきた。中国が主要な敵であるが、その出撃、補給基地である満州と中国本土には爆撃は加えなかったのである。もしもそうすれば、ソ連が参戦し、米ソ戦争、世界戦争に拡大しかねない。それを回避したいということである。ソ連の方も、北朝鮮と中国の立場からすれば、米軍の空爆、空襲が恐るべき打撃を加えている。だから、それを抑えたい。そのためには、日本において米空軍の燃料、爆弾輸送ルートに対する破壊作戦が望ましい。しかし、それは日本を戦場にすることになりかねない。それはいままでソ連側として、抑制してきたことである。あきらかに米ソ冷戦という世界的な枠組みが朝鮮戦争を一定の枠組みの中に限定してきたのである。朝鮮での米国の敗北は、この枠組みをこわすことにいたる可能性があった。

韓国の李承晩政権が亡命するとしたら、どこに亡命させられるかは難しい問題であった。アメリカからすれば、東京のマッカーサーのもとがノーマルな選択肢であったと思われるが、李承晩の反日主義、吉田の反朝鮮主義からすると、実現は難しい。考えられる亡命先は台湾か、ハワイであろう。いずれにしても、そこまでくれば、日本のあり方もさらに変わらざるを得なくなり、吉田の線に代わって芦田の線が有力になったであろう。日本平和国家は終わったと思われる。

しかし、さいわいなことに事態はそこまでいたらなかった。

4　戦時下の講和と日米安保条約

このとき対日講和の準備が大詰めに来ていた。もとより講和条約を締結して、占領状態からすこしでも早く脱したいと願っていたのは日本であった。ながく対日講和の条件について検討してきた米国トルーマン政権は一九五〇年五月一八日にダレスを対日講和担当の国務省顧問に任命し、講和準備に本腰を入れようとした。朝鮮戦争が勃発したのはその直後であった。

戦況が厳しいあいだは、当然ながら対日講和の議論は進まなかった。だが、仁川作戦の成功で、米韓軍が北進を開始した後、九月七日になって、国務省と国防省は両長官の連名で対日講和についての意見書を大統領に提出した。朝鮮での戦争を進めるにあたって、米国は占領下の日本の国土を戦争遂行のために自由に利用してきたし、また直接軍政下にある沖縄を戦争基地としてきた。両長官は講和後もその状態を維持することが必要だとし、それを可能にする方策をいくつか提案した。その中には、二国間協定による米軍の日本本土駐留権の確保も挙げられ、日本の防衛力保持を禁止しないということも示唆されていた(五十嵐武士、同上、二五六〜二五七頁)。

その後中国人民志願軍の参戦により米国は敗走する事態となる。その中で、一九五一年一月、ダレスが東京に来て、マッカーサー及び吉田政府と講和について話し合いを行うことになった。一月二六日に東京でＧＨＱのシーボルド大使らとスタッフ会議を開いた席で、ダレスは、次のように語っている。

「われわれは、われわれが望むだけ多くの部隊を、望むところに、望む期間日本に駐留させる権利を獲得できるだろうか。これが主要な問題である。マッカーサー将軍は昨年六月日本はわわれわれにこの権利を与えるだろうと言ったので、われわれは盲目的にこのことを基礎にして話を進めてきた。だが、われわれにそのような特権を与える政府はみな日本の主権の毀損を許したという攻撃を受けることになるだろう。われわれの提案を受け入れさせるのは難しい。マッカーサー将軍の影響力が決定的に重要になる。彼の援助がなければ、このミッションの成功はおぼつかない」(*FRUS, 1951*, Vol.VI, p.812)。

日本に独立後も米軍の駐留を認めさせ、日本を米国のアジアでの軍事行動の拠点として確保することがダレスによっても求められていることがわかる。それは日本の主権を毀損する、日本を米国の保護国とするにひとしいことなので、日本に受け入れさせることは難しいだろうと意識されていた。だからこそ、ダレスは戦争の過程で講和を結ぶことが、占領下での実態を既成事実として固定するのに役立つと考えていたように思われる。

だが、ダレスが吉田首相と話し合いをはじめると、吉田政府の方から、「わが方の見解」の提示があった。そこには、「日本は、自力によって国内治安を確保し、対外的には国際連合あるいは米国との協力(駐兵のごとき)によって国の安全を確保したい」「対等なパートナーとしての日米間の相互安全保障協力を規定する取り決めが平和条約とは別個になされなければならない」という考えが述べられていた。沖縄については、信託統治案の再考を求め、信託統治の必要がなくなり次第、返還してほしいと表明されていた。沖縄はいつかは返還してほしいが、当面は米国の基地となることに異論はない。だが、再軍備については「当面は不可能だ」と、吉田は拒絶した。その理由として、「大衆の感情」を考慮する必要がある、再軍備の経済負担が国民を疲弊させ、共産主義者の望む社会不安を惹起する、近隣諸国は日本の侵略の再現を恐れているし、国内の事情としては軍国主義の復活の可能性を恐れる必要がある、という三点があげられた(*Ibid*., pp.833-834)。

ダレスは、米軍の駐留を認める安全保障の取り決めを結ぶという表明を喜んだが、日米対等の取り決めは好まなかった。あくまでも日本側が望むので、駐留してやる、という表現を望んだ。実質的には、米軍の自由駐留をもとめたが、米国が占領期から継続して、日本を支配している印象をさけるために、形式的には日本の希望を受け入れるというふうにしたかったのであろう。沖縄についてはダレスは日本側の再考要求を峻拒した。再軍備を積極的に考えるように迫ったのは、在日米軍基地をしっかり防衛することを求めたのであるが、米軍の駐留を押しつけるのに、日本が自衛の武力をまったく持たないのであれば、日本は米国の保護国だという印象が生まれてしまうので、それを避けるために、米国の統制下に自衛力を日本に持たせることが必要であったのである。

他方で吉田の方は再軍備を極力さけようとしていた。彼がこのとき「大衆の感情」と述べていることが何を意味しているかは、のちに講和会議の直前に日本を訪問した米国務省の東北アジア局長アリソンに対して述べた次の言葉から知られる。

「最近米国の著名な人士が日本の再軍備論を言いだされた。それにつれて、日本でも旧軍人は再軍備のため、大分、動いた。しかし、民衆はついてゆかなかった。政界人のうちにも芦田前首相のように、再軍備を唱道した者がいた。しかし、民衆はついてゆかなかった。民衆は案外に賢明である」(日本外務省文書「総理アリソン会談録」)。

吉田は日本の国民の中にある軍隊と戦争に対する嫌悪の感情の強さを認識していたのである。しかし、ダレスの再軍備要求が強かったため、吉田は急遽警察予備隊を改組して、保安隊五万人とする案を「再軍備の第一段階計画」として作成し、二月三日に米側に提示することにした。

帰国したダレスは一九五一年三月に彼の最初の対日講和案、三月案をまとめたが、そこでは沖縄をアメリカを行政権者とする国連の信託統治のもとに置くこと、ソ連には南サハリンとクリル諸島を引き渡すことが明記された。また賠償を支払うだけの経済力が日本にはないことも認められている。案は三月二三日に各国に送られた。五月三日、対日講和条約の新英米案がまとまった。

この案の提示をうけて、ソ連は最後の回答を出さなければならなかった。五月六日、スターリンは毛沢東に、対日講和問題で米国の書簡に対して出す回答案を送り、支持を求めた。回答案の骨子として、次の諸点が挙げられている。(1)講和条約の単独準備に反対し、中ソ、米英の共同準備を要求する、(2)中国の台湾に対する権利を明記せよ、(3)日本領琉球をアメリカの統治下におくことに反対する、(4)日本の軍事力の限界を明記せよ、(5)日本は軍事同盟に入ってはならず、講和後一年以上占領軍が留まってはならない。毛沢東はこの電報を見て、即日「完全に同意する」との返電を打った（ロシア連邦大統領文書館資料）。五月七日、ソ連の回答がアメリカ大使に手渡された。英米案でも、ソ連の南サハリン、クリル諸島領有は明記されていたのだが、スターリンは中ソ共同の大義のために、このチャンスを蹴飛ばしたのである。

アメリカはソ連と中国を締め出して、対日講和をすすめることにし、日本を完全に自分たちの陣営に確保するつもりだった。ソ連と中国からの批判を公然と無視して、沖縄を確保し、講和後も米軍の駐留を維持し、かつ日本に軍事力をもたせようとしていたのである。米国はソ連の不参加を最終的に確認すると、対日講和最終案には、南サハリンとクリル諸島を日本に放棄させることだけを明記して、ソ連の領有という規定を削除した（*FRUS, 1951*, Vol.VI, pp.1119-1121）。

一九五一年九月四日、サンフランシスコで対日講和会議がはじまった。ソ連代表グロムイコは出席したが、自らの主張を表明しただけで、退場した。九月八日、対日平和条約は調印された。

対日平和条約は日本を最大限優遇するものとなった。この条約は日本の戦争責任を明示的には問題にしていない。前文には戦争の歴史は一言も触れられていない。第一一条で日本は極東裁判およびその他の連合国の戦争犯罪裁判を受諾すると規定しているだけである。もっとも領土条項は決して緩和されていなかった。朝鮮の独立、台湾の放棄、南サハリンとクリル諸島（千島列島）の放棄が規定された上に、沖縄に対する米国の委任統治への同意と暫定的な米国の管理の承認、旧委任統治領の米国への引渡しが定められていた。これに引き換え、賠償の負担は大幅に軽減されていた。平和条約の第一四条（a）には、まず日本の賠償義務が明記され、ついで日本の資源が完全な賠償を行うのに現在十分でないということが承認され、その結果、第一項で、日本が被害をうけた国の希望によって役務賠償を行うことだけが規定された。さらに第二項で、連合国内にある日本国と日本国民のすべての財産は連合国が没収処分することができることが定められた。最後に同条(b)で、上記二点をのぞき、連合国はすべての賠償請求権を放棄することが宣言されている。そのかぎりでは、日本にとっては、実にありがたい内容であった。吉田全権が、この条約は「懲罰的な条項や報復的な条項を含まず」「復讐の条約でなく、「和解と信頼」の文書であり」「公平寛大なる平和条約を欣然受諾致します」と述べたのは当然である。

サンフランシスコ条約に調印したのは、日本を含めて四八ヵ国であるが、その中には日本とは実質的な交戦状態にはなかった国も多く含まれている。基本的な調印国は米国、英国、オーストラリア、ニュージーランド、オランダ、フランス、など欧米六国とインドネシア、フィリピン、ヴェトナム、カンボジア、ラオスの東南アジア五国であった。しかし、この平和条約で関係の最終的整理がなされたのは欧米六国とのみである。アジア諸国は賠償協定の調印がなければ条約の批准はできないという態度をとった。

サンフランシスコ平和条約の調印につづいて、その日のうちに、吉田全権はただ一人、ダレスとともに、日米安保条約に調印した。この条約は前文で端的に述べている。

「日本国は、本日連合国との平和条約に署名した。日本国は、武装を解除されているので、平和条約の効力発生の時において固有の自衛権を行使する有効な手段をもたない。

無責任な軍国主義がまだ世界から駆逐されていないので、前記の状態にある日本国には危険がある。よつて、日本国は、平和条約が日本国とアメリカ合衆国の間に効力を生ずるのと同時に効力を生ずべきアメリカ合衆国との安全保障条約を希望する」。

「日本国は、その防衛のための暫定措置として、日本国に対する武力攻撃を阻止するため日本国内及びその附近にアメリカ合衆国がその軍隊を維持することを希望する。

アメリカ合衆国は、平和と安全のために、現在、若干の自国軍隊を日本国内及びその附近に維持する意思がある」。

朝鮮戦争を戦っている米軍に日本の基地をひきつづき自由に使用することを認めるために、日本国家の特殊な立場を持ち出して、日本が米国軍隊の駐留を求めていると説明している。しかし、憲法九条の戦力不保持の規定はふれられることはなく、占領下での武装解除という事実を挙げるのみで、かつ自衛権が主張されている。憲法九条のもとでも自衛権はあり、自衛のための軍事組織をもつことは可能だという考えがここではじめて日米の条約の中で表明されたのである。「平和国家」のあり方が修正されたことが、日米間の条約においてはじめて表明されたのである。

つづけて、前文には次の記載がある。

「アメリカ合衆国は、日本国が、攻撃的な脅威となり又は国際連合憲章の目的及び原則に従って平和と安全を増進すること以外に用いられうべき軍備をもつことを常に避けつつ、直接及び間接の侵略に対する自国の防衛のため漸増的に自ら責任を負うことを期待する」。

これは、日本が自主的な自衛のための軍事組織をもたないままに、占領下とおなじく、大量の米軍部隊の国内駐留をみとめるとすると、日本は米国の保護国となり、主権の維持がおぼつかない国という印象を国際的に与えるので、日本が自衛力をもつことを米国としては望むと強調しているのである。米国の側からすれば、日本の基地を自由に使いたいのだが、日本をひきつづき支配しているという印象が生まれるのを防ぎたいということであろう。米国としては、日本が憲法を改正して、自衛軍をもって、米軍の庇護下の同盟者となるのを望んだが、吉田が憲法改正して再軍備するという道を認めなかったために、このような表現になったのである。

日米安全保障条約の第一条は、米陸海空軍を「日本国内及びその附近に配備する権利を、日本国は、許与し、アメリカ合衆国は、これを受諾する」と定め、この軍隊は、「極東における国際の平和と安全の維持に寄与し」、ついで「日本国における大規模の内乱及び騒じょうを鎮圧するため」日本政府を援助し、「外部からの武力攻撃に対する日本国の安全に寄与するために使用することができる」と定めた。この条約に期限はない。アメリカはいかなる義務も負わない形で、日本の基地を自由に使用する権利をえたのである。

この日には、またアチソン国務長官と吉田首相は、国連加盟国が極東における国連の行動に従事する軍隊を日本におくことを認め、日本は施設と役務を提供することに関する書簡を交換した。「武力侵略」が朝鮮に起こり、国連と加盟国が行動をとっており、国連総会はすべての国に国連の行動に支持を与えるように求めている、日本はそのような支持を与えていると書かれたアチソンの書簡を、吉田は自分の書簡に引用し、その内容を十分に了承すると述べている。アメリカの言うことを了解するという、一種の間接話法である。これによって米軍以外の国連軍にも基地と役務を提供することが可能となったのである。

こうして、米国は、占領時代と同じように、日本の基地を目下進行中の朝鮮戦争のために使い続け、将来の極東における同種の戦争のためにも使い続けることが可能になったのである。そして沖縄は米国の軍事的支配の下にひきつづき置かれることになった。

このような成り行きは、基本的には、敗戦して米軍の単独占領下におかれ、朝鮮戦争の基地となった日本にとっての避けがたい運命であったと言えよう。日本がこのような利益を米国に与えなければ、講和は少なくとも朝鮮戦争が続く限り、延期されたのである。

5 保安隊の誕生

これ以降米国は日本に防衛力の強化を求めて、働きかけを続けた。すでに講和条約調印直前の一九五一年八月二八日、マーシャル国防長官はトルーマン大統領にあてて、日本に海上警備隊を組織させたいと提案し、承認されていた。具体的には、一〇月リッジウェイ連合国軍最高司令官が吉田首相に米国の艦艇を貸与すると申し入れを行った。このときこの艦艇を受け入れて使用する機関、海軍組織をつくるための準備委員会（Y委員会）が組織された。一〇月三一日に第一回会合がひらかれたが、この委員会の中心になったのは第二復員局の中で海軍再建の研究をしていた海軍大佐吉田英三ら五人の旧海軍士官であった。実際には、準備はマーシャル長官の提案の前からはじまっていたのである。こうして、改正海上保安庁法が五二年四月二六日に国会を通過、成立し、海上警備隊が発足した（NHK報道局「自衛隊」取材班『海上自衛隊はこうして生まれた』）。

これより先、五二年一月五日、リッジウェイは吉田と会談し、講和条約発効、米軍の撤退に向けて、三二万人の防衛力が必要だと申し入れた。吉田はこれを拒否し、一一万人体制にすることで合意した。警察予備隊を改組して、一一万人保安隊を発足させる保安庁法案は、講和条約が五二年四月二八日に発効した直後の五月一〇日国会に提出された。

保安庁法の第四条は次の通りである。

「保安庁は、わが国の平和と秩序を維持し、人命及び財産を保護するため、特別の必要がある場合において行動する部隊を管理し、運営し、及びこれに関する事務を行い、あわせて海上における警備救難の事務を行うことを任務とする」。

これは、「公共の福祉を保障するのに必要な範囲で(……)警察力を補うため」設立されると書かれた警察予備隊令第一条とは、はっきりと違う規定である。内務委員会での審議の際、担当大臣大橋武夫は、保安隊は「現在の警察予備隊また海上警備隊が持っておりまするところの任務なり使命というものをそのまま引継いでこれを拡充強化する」もので、「性格任務を何ら変更するものではない」、だから、「これは再軍備とは関係ない国内治安機関の拡充強化である」と言い切っている(内務委員会、五月一四日)。五月二八日、委員会採決の場で、鈴木義男、木村栄、成田知巳の三人が、これは憲法違反の軍隊だという反対意見を述べたが、しりぞけられ、賛成多数で可決された。保安庁法案は五月二九日の衆議院本会議に他の二八法案とともに一括上程され、共産党と両派社会党が反対を表明をしただけで、一括可決された。参議院では、六月一一日より内閣委員会で審議され、修正の上、七月二四日に可決され、二五日に参議院を通過した。修正がなされたので、七月三一日に衆議院で参議院議決通りとすることになり、成立した。

保安庁法案が国会で審議されていたこの五二年五月から七月までのあいだは、リッジウェイの後任の三人目の国連軍司令官クラークが停戦会談で共産側に譲歩を強いるために、北朝鮮の発電所と平壌の猛烈な爆撃を行っていた時期と重なる。

六月二三日には米空軍はテストとして水豊発電所、赴戦江第三、第四、長津第三、第四ほかの水力発電所を爆撃した。攻撃された一三の発電所のうち、一一は完全に破壊され、北朝鮮は電力の九割を失った。この爆撃は全世界に報道され、イギリスなどでは批判の声が挙がった。日本の新聞も連日報道した。しかし、この爆撃に海軍航空隊と第五空軍が参加したことは報道されたが、いまや日米安保条約に基づいて存在する在日米軍基地から発進した機のことは触れられなかった。

統合参謀本部が爆撃を許可すると、七月四日は、安東の東北五〇キロの北朝鮮軍事アカデミーの攻撃、八日は長津第一、第二発電所の爆撃を行った上で、七月一一日、平壌大空襲を行った。まずこの日の昼間、第七艦隊空母の艦載機、第五空軍機、韓国空軍機が午前一〇時、午後二時、六時の三回攻撃し、夜に入ると、横田と嘉手納からのB29、五四機が爆撃を行った。のべ一二五四回の出撃は朝鮮戦争における最大の空爆で、二万三〇〇〇ガロンのナパーム弾が投下された。平壌放送は二日後に「野蛮な」攻撃により一五〇〇の建物が破壊され、七〇〇〇人の死傷者が出たと発表した。日本の新聞は「平壌など猛爆／国連空軍」、「平壌を再爆撃」、「平壌の死者二千名／共産側放送」などと報じた。

この爆撃のあとも、七月一五日には勝湖里セメント工場、七月一九、二〇、二一日には長津発電所、二七日にはシンドク銅亜鉛鉱山、三〇日には東洋軽金属工場が爆撃された。夜間攻撃はすべてB29によるもので、とくに三〇日の爆撃には六三機が参加した。一目標に対する空襲としては最大のものであった。日本の新聞はAP電により「鮮満国境 工場を大爆撃」と報じたが、例外的に「日本、沖縄両基地のB29爆撃機六十六機」が「六百六十トンの爆弾を投下した」と書いている。「今回の爆撃は戦乱開始以来最大で、しかももっとも国境地帯に近い夜間爆撃である」(『朝日新聞』

一九五二年七月三一日夕刊)。しかし、日本の基地が横田基地であることは書き添えられておらず、この記事を読む者も誰一人そのことを考えなかったであろう。講和条約発効後も、日本の基地はアメリカの朝鮮戦争のための出撃基地の役割をかわることなく果たしていたのである。

この当時、日本の国内では、日本共産党が第五回全国協議会(五全協)で採択した新綱領にもとづいて、中核自衛隊創出の軍事方針をとり、五月の「血のメーデー」、六月の新宿闘争、吹田闘争、七月の大須事件と激化した闘争を展開していた。その意味では、北朝鮮への猛爆撃をとめるために、横田へ燃料と弾薬をはこぶ国鉄に対する破壊攻撃がもっとも現実味をおびた時期であった。航空機燃料と爆弾は国鉄の南武線と中央線によって横田基地へ運ばれていたのである。しかし、年初に名古屋でひらかれた在日朝鮮人の祖国防衛委員会全国会議で共産党民族対策部責任者の朴恩哲が「一般大衆に損害を与えてはならない。たとえば、発電所や鉄道線路の破壊は一般大衆の不満を買うことになる」と発言して、この方向を封じていた(南基正「朝鮮戦争と日本」博士論文)。結局朝鮮戦争は日本の内部に拡大されることなく終わったのである。そのことは「平和国家」日本を存続させるのに有利に働いたといえるだろう。

保安隊の創立記念式典は五二年一〇月一五日明治神宮外苑陸上競技場で挙行された。初代保安庁長官に就任した吉田首相は「内外の期待と信頼に恥じない保安隊の隊員としての決意を新たにし、一層その職務に精進されんことを切望する」と訓示した。こうして保安隊一一万人、海上警備隊七五九〇人の新しい陣容がスタートした（佐藤守男『警察予備隊と再軍備への道』芙蓉書房出版、二〇一五年）。

保安隊の組織が本格化すると、憲法解釈との整合性を考える必要が生まれた。五二年一一月二五日に、政府は「戦力」にいたらない実力をもって自衛することは憲法違反にならない、という閣議了解を定めるにいたった。

毎日新聞　夕刊
毎日新聞（夕刊）The Mainichi (Evening)（日刊）昭和27年（1952年）10月15日（水曜日）
保安隊きょう発足
国会と世論で行動
敬愛される保安隊となれ
吉田保安庁長官訓示
保安隊を観閲する吉田長官（上段中央）その右は林第一幕僚長
三巨頭会談進展を見ず
国連総会
第一日
川崎競馬　10月 14 15 16 17 18 19

毎日新聞，1952 年 10 月 15 日

一、憲法第九条第二項は、侵略の目的たると自衛の目的たるとを問わず「戦力」の保持を禁止している。

一、右にいう「戦力」とは近代戦争遂行に役立つ程度の装備、編成を具えるものをいう。

一、「戦力」の基準は、その国のおかれた時間的、空間的環境で具体的に判断せねばならない。

一、「陸海空軍」とは、戦争目的のために装備編成された組織体をいい「その他の戦力」とは本来は戦争目的を有せずとも実質的にこれに役立ち得る実力を具えたものをいう。
一、「戦力」とは人的、物的に組織された総合力である。従って単なる兵器そのものは戦力の構成要素ではあるが「戦力」そのものではない。兵器製造工場のごときも無論同様である。
一、憲法第九条第二項にいう「保持」とは、いうまでもなくわが国が保持の主体たることを示す。米国駐留軍は、わが国を守るために米国の保持する軍隊であるから憲法第九条の関するところではない。
一、「戦力」に至らざる程度の実力を保持し、これを直接侵略防衛の用に供することは違憲ではない。このことは有事の際、国警の部隊が防衛にあたるのと理論上同一である。
一、保安隊および警備隊は戦力ではない。これらは保安庁法第四条に明らかなごとく「わが国の平和と秩序を維持し人命および財産を保護するため、特別の必要がある場合において行動する部隊」であり、その本質は警察上の組織である。従って戦争を目的として組織されたものでないから、軍隊でないことは明らかである。また客観的にこれを見ても保安隊等の装備編成は決して近代戦を有効に遂行し得る程度のものでないから、憲法の「戦力」には該当しない
(『朝日新聞』一一月二六日)。

これは憲法解釈の変更の最初の試みであった。なおその論理は考え抜かれておらず、暫定的な説明であった。

平和条約と日米安保条約は一九五二年四月二八日に発効した。これと前後して、公職追放されていた政治家たち、さらにA級戦犯として有罪判決を受け、服役していた政治家たちが、最終的に政界に復帰した。このような旧政治家の出現は、吉田が芦田を抑え込んでいた再軍備・改憲論争を再燃させた。朝鮮戦争がいまだ続いている中で、日本の進路をめぐる論争が今一度起こることになった。

明文改憲して再軍備を進めるべきだという主張を唱えていた国民民主党の芦田均は、戦犯裁判で禁固七年の刑を受けて服役し、五二年三月に復権した元外務大臣、重光葵と接近し、重光を総裁にかついで新党改進党を五月に結党した。重光は強い憲法改正論者であった。これより先五一年八月に公職追放を解除されていた鳩山一郎は自由党に復帰した。鳩山は吉田と主導権を争う姿勢をみせた。吉田は反吉田勢力を抑えるために、八月二八日、国会を解散した。「抜き打ち解散」と呼ばれている。選挙を待つ間、鳩山は自衛軍の設置を主張し、そのために憲法改正が必要だという自説を公然と発表した(『朝日新聞』一九五二年九月一二日)。これに吉田はきびしく対立し、再軍備は「断じておこなわない」と応酬した(同上、九月一六日)。

一〇月一日の総選挙の結果は、自由党二四〇、改進党八五、左派社会党五四、右派社会党五七であった。自由党の中では、吉田派が七三、鳩山派が六八、中間派が九九であった。議員となった鳩山は、吉田に対して党の主導権を要求したが、拒否された。

五三年二月、吉田が右派社会党議員の発言に対して「バカヤロー」とののしり、懲罰動議を出される事態となった。これが自由党内の反吉田派の造反で、可決された。吉田はまたもや国会解散の挙に出た。これがいわゆる「バカヤロー解散」である。鳩山たちは三月、分派自由党を結成するに至った。

五三年四月の総選挙では、鳩山一郎の分派自由党、芦田・重光の改進党が再軍備、憲法改正を主張し、左右社会党が再軍備反対、憲法擁護を主張して、争った。結果は吉田の自由党が一九九議席を占め、鳩山の分派自由党が三五議席、改進党が七六議席で、改憲派は一一一議席となり、これに対して左派社会党七二議席、右派社会党六六議席、労農党五議席、共産党一議席で再軍備反対派は一四四議席であった。明らかに明文改憲派は伸び悩んでいた。再軍備反対派は一四四と明文改憲派を圧したが、憲法改正提議を阻止するのに必要な三分の一の一五六議席を下まわっていた。

そのような中、五三年七月二七日、朝鮮戦争の停戦協定が調印された。三年間つづいた朝鮮戦争はひとまず終わった。

七　非武装国家から非戦国家へ

——平和国家の変容

1 自衛隊の創設

朝鮮戦争が終わるという国際情勢の大きな変化の中で、吉田自由党政権は、国内政治の安定のために、保守勢力の分裂を収拾することに心を砕かざるをえなかった。吉田自由党は、第二党である重光の改進党に接近し、協力をもちかけた。改進党の側にもさまざまな構想があったが、結局自由党との話し合いに応じ、政策協議を行うことになった。その主題として浮かび上がったのが再軍備問題であった。自由党側で話し合いを進めたのは池田勇人と宮沢喜一であった。二人の用意した案を吉田と重光が受け入れた。保安隊を自衛隊に変え、直接侵略にも対抗できるものとする、これを現行憲法のもとで実現し、憲法改正問題は別に協議するという合意が一九五三年九月二七日の吉田、重光会談で生まれた(田中明彦『安全保障』読売新聞社、一九九七年)。重光は自衛隊をとり、吉田は憲法改正せずをとったのである。この合意にもとづいて、吉田は鳩山一郎にも自民党への復党を申し入れ、自民党の中に憲法調査会を設置することを約束した。鳩山自由党の大部分は一一月二九日復党した。ここから保守三派は自衛隊創立のための協議を開始することになったのである。

他方で、吉田政権はアメリカとの協議も行わなければならなかった。朝鮮戦争が終わるという大きな変化の中で、日本からのアメリカ軍の撤退が迫っていた。吉田政府は、五一年にアメリカで成立したMSA(相互安全保障法)援助をうけることを希望していた。日本の保安隊の装備は基本的にはアメリカからの貸与に依存していたからである。アメリカ側は米軍の主力が撤退するので、日本が兵力を増強して、日本の安全、在日米軍基地の安全を保障してくれることを願っていた。

五三年一〇月池田蔵相が宮沢とともに、アメリカを訪問して、交渉した。アメリカは五六年までに日本が陸上部隊を一〇個師団、三二万五〇〇〇人にまで増強せよと要求した。しかし、池田は一〇個師団、一八万人にすると頑張り通し、アメリカの承認をえたといわれる。このような経過をへて、五三年一二月から、保守諸派間の自衛隊創立のための協議がはじまった。

この動きを見て、憂慮を深めたのは革新勢力であった。憲法改正、再軍備のための動きが進み出したと判断して、憲法擁護運動をスタートさせた。社会党はサンフランシスコ講和条約に対する態度をめぐって、左右両派に分裂したままであった。左派社会党は平和三原則、平和四原則をかかげたが、これは丸山真男、吉野源三郎らの平和問題談話会の意見書と結びついていた。しかし、左派ののこりの半分は日本的社会主義革命をめざすという路線であった。だから、右派社会党が元首相片山哲を中心にして「平和憲法擁護の会」を五三年につくり、先導することになったのは当然であった。しかし、左派社会党と総評も事態に対応して、右派社会党のイニシアティヴを受け入れ、憲法擁護国民連合の結成に参加した。

五四年一月一五日、衆議院議員会館で憲法擁護国民連合の発会式が行われた。左右両派社会党と労農党(労働者農民党)、総評、新産別(全国産業別労働組合連合)などの労働団体、婦人団体連合会、日本キリスト教協議会、仏教平和懇談会、日本ペンクラブなど百二十余団体が結集した。鈴木茂三郎、河上丈太郎、黒田寿男ら三党党首、高野実総評事務局長らが出席、挨拶した。経過報告を述べたのは片山哲の元秘書、元参議院議員の大野幸一であった。島田孝一早大総長らのメッセージが紹介された。国民連合の議長には片山哲、代表委員実行委員には有田八郎、風見章、海野晋吉弁護士が選ばれ、常任実行委員には中村哲法政大学教授ら二四人が選任された。次のような要旨の運動方針が採択された。

「保守反動勢力の憲法改悪計画に対応し、党派、主義主張を超越し、平和憲法を守らんとする広い国民的な世論喚起の運動を結集し、第一段階においてはその世論の圧力によって改悪計画を封ずる。第二段階においては憲法改正の国会提案を不可能ならしむる国会勢力を確保し、第三段階においては最後の国民投票によって改悪案を葬ることを目標とする」(『朝日新聞』一九五四年一月一五日)。

つまり、保守諸派間で自衛隊創出の協議がすすめられていることにはまったく注意を向けず、ひとえに憲法の明文改悪を阻止することだけを運動の目的にしていたのである。その運動の中心的な目標は、国会で改憲の発議が可能になる三分の二の議席を改憲派にあたえないこと、逆に言えば、三分の一の議席を護憲派で獲得することにおかれていた。しかし、「共産党系の団体はくわえない」ということが定められたことは大きな問題点をなした。

共産党は朝鮮戦争当時の武力闘争路線からの転換をはかり、平和運動に活路を求めていた。もともと新憲法の制定には議会内で唯一反対したのだが、このときには、再軍備反対から憲法擁護に積極的になっていた。しかし、これまでの極左方針の整理ができず、指導部も北京の亡命指導部と国内の指導部に分かれていたのだから、党の転換は難しかった。

五四年二月には、ドイツからのニュースが衝撃を与えた。二月二六日、西独下院が三三四票対一四四票で再軍備を許す憲法改正案を可決した。憲法改正に必要な三分の二を九票上回ったのである。朝日新聞は「憲法改正案を可決 西独下院再軍備の障害除く」という見出しで報じた。地方の高校一年生であった私はこの記事を切り取って、日記に貼って、こう書いた。「日本では「三二八対一三八」、あぶない、たしかに」。

このとき、ドイツで実現されたのは、憲法、基本法への補充法案の採択であった。アデナウアー政府は基本法では集団的自衛権をもち、軍隊の保持は許容されているという考えのもと、連邦の立法権を定めた第七三条の第一号に立法の主題として、外交の他、兵役、国防を加えたのである（岩間陽子『ドイツ再軍備』中央公論社）。日本とは大きな違いであったが、そのような細部は当時はわからなかった。ドイツのニュースが日本の憲法擁護運動を刺激したのである。

憲法擁護国民連合の組織は全国に拡大した。私の住む町にも護憲連合の支部が生まれ、私もそれに参加した。静岡県清水市の実例を紹介しよう。

ビキニ水爆実験で焼津の漁船、第五福竜丸が被爆したことが静岡県を震撼させた一週間後、三月二三日、憲法擁護国民連合清水支部結成大会がひらかれた。中心になったのは、日本社会党清水支部長今村高五郎と商船大学教授佐々田良勝であった。参加団体としては、清水の二二の労働組合の他、FOR静岡支部、救世軍清水小隊有志、静岡大学清水通学生有志、清水キリスト者平和の会、清水地方民主青年会、清水市商店街連盟有志、清水市農業協同組合有志、清水平和連絡会、商船大学学生自治委員会、商船大学教授団有志、新進会、東海大学有志、日本キリスト教団清水教会有志、日本キリスト教団清水教会婦人会、日本山妙法寺、日本社会党清水支部、平和憲法擁護の会清水支部、黎明会といった一八団体が名をつらねていた。今村高五郎はキリスト者で、人権派弁護士今村嗣夫の父である。

宣言は次のように述べている。

「私達が再びあの戦争の惨めさを味いたくない以上、是非共、憲法改悪に反対し、平和と民主主義を守らなければなりません。その為には、決してむずかしいことをしなくてもよいのです。国会の三分の一以上の反対と、国民投票の過半数の反対があれば、絶対に憲法は変えられません。ですから、国民の大多数の人々が、現在の平和憲法を守り通す意志を示せばよいのです。以上のようなわけで、私達は、老若男女を問わず、政党政派、主義主張にとらわれず、ここに「憲法擁護国民連合清水支部」を結成して、広く清水地方の多数の方々に入つていただき、共々に手をたずさえて、根強い憲法擁護運動をまきおこしたいと思います」(和田『ある戦後精神の形成』一八四頁)。

この人々も自衛隊の創出へ向かう動きには注意を向けていない。自衛隊が志願制の限定的な軍事力であるかぎりにおいては、反対することができなかったし、反対する必要がなかった。私たちは自衛隊のことは考えないようにしていた。そのような自衛のための軍事組織が存在するということはすでに受け入れていたのである。一六歳の少年であった私にとって、どうしても認められなかったのは、明文改憲による徴兵制の施行であり、ふつうの軍隊ができて、戦争することだった。

保守諸党の話し合いは、五四年三月までつづき、ついに成案にたどりついた。三月九日、自衛隊二法は閣議決定された(田中明彦、同上)。

まさにこのとき、三月八日、政府はアメリカとのMSA(相互安全保障法)協定に調印したのであった。共通の安全保障のため、日本はアメリカが必要とする原材料、半製品を提供し、アメリカから得た秘密の物件、役務、情報についての漏洩を防ぐことを約束したのである。これによって日本は米国から武器の供与を受けることが可能になった。

朝日新聞は、三月一〇日、MSA協定と自衛隊二法とは「直接には関係ない」としながらも、これは偶然ではない、「MSA協定で日本が再軍備へのコースに立ちつつ」、「これの裏付けとなるように」、保安隊が自衛隊に切り替えられるのではないかとして、「『MSA体制』をこう見る」という見出しのもとで、二つの動きについての各界の人々の論評を掲載した。経済同友会代表幹事山際正道は、ＭＳＡも自衛隊二法も「国民の総意と政治との離反の上に進むようなことがあっては、それ自体健全な成長は望めない」と苦言を呈している。総評事務局長の高野実は、「自衛隊法案を見ると、自衛隊の階級も組織もまるで旧軍隊と同じだ」、この悪法に反対して、「吉田内閣打倒」をめざす以外に道はないと厳しかった。左社の勝間田清一は、ＭＳＡ協定と防衛二法は「憲法に違反した軍事同盟であり、軍事力を保持するための法律である」と断定した。右社の河野密は、自衛隊は陸、海、空三軍にまちがいない、海外出動は不可避になるのではないか、と警戒心を表明した。

自衛隊二法は三月一一日国会に提出された。一つは保安庁法にとってかわる防衛庁設置法である。その第四条で「防衛庁は、わが国の平和と独立を守り、国の安全を保つことを目的とし、これがため、陸上自衛隊、海上自衛隊及び航空自衛隊を管理し、及び運営し、並びにこれに関する事務を行うことを任務とする」と定めている。三自衛隊にはそれぞれ幕僚監部を設け、その長は幕僚長とするとし、三幕僚長と議長からなる統合幕僚会議を防衛庁に設けると定めている。陸海の部隊に加えて、航空機部隊が生まれることになった。

いまひとつが自衛隊法である。自衛隊の目的は、第三条一項に規定された。「自衛隊は、我が国の平和と独立を守り、国の安全を保つため、直接侵略及び間接侵略に対し我が国を防衛することを主たる任務とし、必要に応じ、公共の秩序維持に当たるものとする」。明らかに自衛隊は警察的組織ではない、国土防衛の軍事組織である。第七条で、内閣総理大臣が自衛隊の「最高の指揮監督権」をもつことが定められ、第八条で、防衛庁長官が総理大臣の指揮監督をうけ、自衛隊の隊務を統括するとされており、第九条で、陸上幕僚長、海上幕僚長、航空幕僚長を指揮監督することが定められている。文民統制が貫かれている。

自衛隊員の採用は試験によるとされ、陸上自衛隊の場合、三等陸士からはじめて、陸将にいたる階級が定められている。自衛隊の行動としては、防衛出動、治安出動、海上警備行動、災害派遣、領空侵犯に関する措置がさだめられている。自衛隊員の不法行動としては、政治活動、組合の結成等の活動、出動待機命令への不服従、治安出動命令への不服従、上官の命令に多数共同で反抗することなどがあげられ、これらの罪を犯した者は三年以下の懲役、または禁固に処すると定められている。ただし、これらの罪を犯した者は軍法会議等の特殊裁判所で裁かれるのではなく、一般司法機関で裁かれることになっていた。

自衛隊二法の審議は衆議院の内閣委員会で四月一日からはじまった。両派社会党は疑問をぶつけたが、政府の説明はかならずしも明確ではなかった。五月六日に吉田総理の出席を得て、しめくくりの質疑が行われた。右派社会党の鈴木義男は自衛権の発動としての戦争を放棄するという吉田のかっての憲法国会での発言を引用して、自衛隊は軍隊ではないのかと迫った。それに対して、吉田は次のように答えた。「憲法が禁じておることは、(……)再軍備をして軍備を持って国際紛争の具に供しないということが一つと、戦力を持たしめないということが二つであります。(……)当時の私の言い表わし方はよく覚えておりませんが、(……)趣意は今でもごうもかわっておりません」で は自衛隊は軍隊でも戦力でもないということかと質問されると、吉田は自衛隊は「戦力に至らざ

読賣新
THE YOMIURI
防衛二法成立
賛成152 反対79
海外派兵禁止も決議
滝井氏不起立で全会一致成らず
参議院本会議
防衛二法・堂々めぐり（参院本会議）

読売新聞，1954年6月3日

る軍隊」だと答えた。日本自由党の中村梅吉が、完全な自衛力を持つためには、憲法改正に向かう準備に入る必要があるのではないかと質問すると、吉田は「政府はただいまのところ憲法改正の意思はございません」と繰り返した。自衛隊の創出は憲法第九条に違反しない、憲法改正の意志はないというのが吉田政府の一貫した説明であった。

この日内閣委員会で採決が行われ、賛成一六対反対八で可決され、翌七日衆議院本会議を通過した。賛成二七七対反対一三八であった。

参議院では内閣委員会の審議の冒頭に吉田首相が出席して、二日間にわたり質疑が行われた。法案は六月一日には参議院内閣委員会で可決され、翌二日、本会議で可決、成立した。吉田の自由党、改進党、旧鳩山派の日本自由党、参議院の緑風会が賛成し、両派社会党と無所属クラブが反対した。賛成は一五二、反対は七九であった。

自衛隊法の国会審議をふりかえるとき、それが大きな政治的な争点となり、注目を集めるということがなかったことは驚きである。院外での大衆的な反対運動もなかった。保安隊がすでに存在し、その改編というふうに問題が出されたためでもあるかもしれない。ともあれ自衛隊二法の成立は、この年、一九五四年の一〇大ニュースにも入らないどころか、二〇大ニュースにも入らなかったほど、注目されない出来事であった（読売新聞世論調査部編『一〇大ニュースに見る戦後五〇年』一九九六年）。

2　憲法第九条のもとの自衛隊
──自衛隊海外出動禁止決議と新憲法解釈

吉田首相はくりかえし、自衛隊は合憲であり、憲法第九条に不保持が定められている「戦力」ではないと力説したが、その説明は国民にとって説得的なものではなかった。創設された自衛隊と憲法との関係について、重要な説明は、まず自衛隊二法が参議院を通過した直後、参議院で全党一致で採択された自衛隊の海外出動を禁じる決議に関連して与えられた。

一九五四年六月二日採択された参議院本会議決議は「本院は、自衛隊の創設に際し、現行憲法の条章と、わが国民の熾烈なる平和愛好精神に照し、海外出動はこれを行わないことを、茲《ここ》に更めて確認する」というきわめて短いものである。これは参議院改進党の鶴見祐輔と左派社会党の羽生三七らが話し合って推進したもので、当初はＭＳＡ法案の国会通過の際に、海外派兵禁止決議を上程しようと各党派と折衝して、合意を得たのであった。しかし、政府与党としては、ＭＳＡ協定承認

鶴見祐輔　写真提供：朝日新聞社

の直後に海外派兵禁止決議案を可決することの国際的影響を心配して、つまりアメリカからの反発を心配して、自衛隊二法の通過のあとにこれを上程可決することを確約したので、いったん提案が見合わされたのである。

提案者は全党派の代表から九人が名前を出した。鶴見祐輔（改進党）、松岡平市（自由党議院運営委員会理事）、梶原茂嘉（緑風会）、杉山昌作（緑風会）、寺本広作（改進党）、以上が自衛隊二法に賛成した党派から五名、さらに佐多忠隆（左社）、藤田進（左社）、天田勝正（右社）、千田正（無所属クラブ）ら二法に反対した党派からの四名、以上計九名の共同提案であった。全会一致で可決することが申し合わされていた。自由党内には決議に反対の意見があり、表向きは、政府が海外出動はしないと言っているのだから、決議は不用だという意見が出されたが、松岡理事は防衛法案の審議に差し障りが出ては困るということで、決議を押し通した。六月一日の内閣委員会では、自衛隊二法の採択の前に全会一致でこの決議を可決している。六月二日の本会議では、自衛隊二法の可決ののちに、この決議案が上程された。すると、自民党議員の中からは審議前に多数が退場し、九五名中約三〇名が議場に残っただけであった（『朝日新聞』

一九五四年六月二日、三日)。

まず提案者を代表して鶴見祐輔が趣旨を説明した。この趣旨説明がきわめて重要な思想を表している。鶴見は、自衛隊、とくに陸上自衛隊は、名称如何にかかわらず、その数量と装備、武器により、「満州事変前の我が国の陸軍に次第に近似するがごとき実力を備えんと」している、したがって、憲法第九条の明文に違反するとの議論が出ている、さらに規模が拡大すれば、「戦前のごとき武装国家となる危険すら全然ないとは申せない」と指摘し、自衛隊出発の初めに「その内容と使途」を検討し、「我々が過去において犯したるごとき過ちを繰り返さないようにすることは」国民に対する義務であると主張した。

鶴見は、第一に「自衛隊を飽くまでも厳重なる憲法の枠の中におくことであります。即ち世界に特異なる憲法を有する日本の自衛権は、世界の他の国々と異なる自衛力しか持てないということであります」と述べた。第二に「今日の日本国民感情の特色は、熾烈なる平和愛好精神であります」と指摘し、敗戦という「悲痛な幻滅が戦争に対する日本国民の考え方を激変させた」、さらに戦後、「我々の期待を裏切るような出来事が国の中においても、海の外においても起こった」、戦前の日本の思想(軍国主義をさす)と同じものが世界に台頭している、「我々は無条件にそういう道ずれにはなりなくないと思うようになった」と言うのである。これは敗戦と朝鮮戦争の二つの経験をさしている。

そして、鶴見は言った。「この二つの深刻な幻滅の結果として、日本民族の尊き体験として学びとりましたことは、戦争は何ものをも解決しないということであります」。原爆の「惨禍をこうむった唯一の国民として、日本はこれを世界に向かって高唱する資格をもって」いる。「世界は再び大戦争の危険にさらされんとしておる、殊に東洋においてその危険が横たわっておるのであります」。そのときに自衛隊が誕生したのだから、その意義を明白に規定しておくことが特に必要だと鶴見は主張した。

鶴見は自衛隊は「現在の世界情勢に対応するための一時的な応急手段」であるとした。日本は七年前に戦争を放棄したのだ。自衛隊は「飽くまでも日本の国内秩序を守るためのものであって、日本の平和を守ることによって東洋の平和維持に貢献し、かくしてより高度なる人類的大社会的組織の完成を期待しつつ一つの過渡的役割を果たさんとするものであります。それは決して国際戦争に使用さるべき性質のものではありません」。

鶴見は、戦後に「国民の中に起こった一つの精神革命の結果」としての国民感情が「憲法第九条の明文と相まって、自衛隊の行動を制約する」と主張して、「自衛とは、我が国が不当に侵略された場合に行う正当防衛行為であって、それは我が国土を守るという具体的な場合に限るべきものであります」、「我が国の場合には、自衛とは海外に出動しないということでなければなりません」、「海外に出動せずということを、国民の総意として表明しておくことは、日本国民を守り、日本の民主主義を守るゆえんであると思うのであります」と主張した。そして、満場の賛同で決議を採択することを求めた(参議院会議録五七号)。

鶴見のこの主張はこの段階の平和主義、憲法思想の到達点を示したものであった。鶴見は憲法第九条の基礎に日本国民の平和愛好精神をおき、それが敗戦から生まれたことを指摘するとともに、朝鮮戦争の経験からもさらに固められたことを指摘している。「二つの深刻な幻滅の結果として、日本民族の尊き体験として学びとりましたことは、戦争は何ものをも解決しないということであります」という言葉は重大な発言である。鶴見の主張したことは、日本は自衛の武力を保持してきたし、これからはそれを自衛隊として保持していくが、この武力は憲法九条と国民の平和意向の精神によって、行動が制約される、海外には出動は行わず、戦争はしないのだということであった。

鶴見祐輔は、戦争中は、大政翼賛会の総務、大日本政治会の総務として、戦争を積極的に支持し、戦後は戦争協力派の党である日本進歩党に属した。それで一九四六年一月には公職追放となったのである。だが五〇年一二月公職追放を解除されると、早速五一年一月国土防衛民主主義聯盟を結成し、一七日には神田共立講堂で第一声をあげている。この組織には幣原喜重郎衆議院議長、佐藤尚武参議院議長なども名をつらねているといわれるが(『鶴見祐輔資料』二三七頁)、実態はわからない。鶴見は雑誌『世界』五一年四月号に「再軍備によらぬ国土防衛」という一文を寄稿している。鶴見は「早期に、完全なる主権の返還」を求めるという考えであったが、日本の安全保障は、「暫定的には米軍によつて、日本を国外よりの侵略から防いでもらふ外はない」として、いまは再軍備に賛成しないとする。いま民主主義が弱い段階で軍隊をつくれば、旧軍の将校に支配されてしまう。「日本の為すべきことは、国内の治安の維持である」とする(上品和馬『広報外交の先駆者　鶴見祐輔』

二〇一一年、三一〇頁も参照してほしい)。ほぼこの考えは吉田茂首相の考えに近いとみることができる。その考えと、海外派兵禁止決議の提案で開陳された議論の間には飛躍がある。鶴見祐輔の子息俊輔は『思想の科学』によって戦後思想の旗手の一人となっていて、このころは京都大学に招かれていたが、鬱病になり、休職した。父のもとに出入りしていたら、自分がだめになると考えて、家を出たといわれる。姉の和子は母の看病で、父と一緒に暮らしていて、決議をめぐって父と話をしたことを書き残している(北岡寿逸編『友情の人鶴見祐輔先生』一九七五年、三五〇頁)。あるいは鶴見祐輔は自分の子供たちの戦後平和思想を取り入れて、この決議を生みだしたのかもしれない。

決議の賛成討論に立ったのは、自衛隊二法に反対した左派社会党の羽生三七と右派社会党の松澤兼人であった。羽生は朝鮮とインドシナで一つの国の中に二つの政府があって戦っているとき、その一方と結ぶことに反対すると指摘した。その上で、彼は次のように結んだ。

「自衛隊の海外不出動を示した本決議案の精神には、自由党も社会党もなかろうと思います。これは我が八千万日本民族の悲願であり、そして更には又、世界全人類の希望と言うべきものと思います。自衛隊創設の賛否は、いずれにもあれ、この決議案に盛られた精神が(……)貫かれることを衷心より希望し、(……)本決議案に賛成の意思表示をなすと共に、更に併せて只今申述べた精神が吉田首相外遊のはなむけとなれば幸いと存ずる次第であります」(参議院会議録五七号)。

松澤は、吉田政府の憲法違反、憲法無視の態度を批判し、海外派兵の道が開かれてきたと指摘して、決議案採択の意義を主張した。彼の発言でとくに注目されるのは、五月七日にインドシナ、ディエン・ビエン・フーのフランス軍陣地の陥落に際して、朝鮮戦争での三八度線突破と同じ危機を感じ、日本の自衛隊にも派遣の要請がくるかもしれないと考え、これをはっきり拒否するためにも、この決議が必要だと述べているところである。

決議は満場一致で採択されることになっていたが、採決のさい、自由党の滝井治三郎議員が一人座席にすわったまま、反対を表明したので、起立多数ということで採択された。全会一致の採決を信じていた両派社会党が憤激し、議場は混乱した。そこで、木村篤太郎大臣が立って、「自衛隊は（……）海外派遣というような目的は持っていないのであります。従いまして、只今の決議の趣旨は、十分これを尊重する所存であります」と表明した。決議は賛成が一六五人、反対一人、欠席六五人で採択されたとみうる。自衛隊二法が賛成一五二、反対七九で採択されたのと比べれば、この決議の権威はより高いと言えるだろう。

この海外出動禁止の決議は自衛隊の創設に当たり、国会の全党派と政府が一致した自衛隊の性格づけに関する合意として、きわめて重要なものであった。この決議によって、自衛隊は特異な、限定された軍事力であることがはっきりさせられたのである。しかし、当時はこの決議もまたほとんど注目されなかった。

当時の護憲派は自衛隊そのものには反対せず、憲法改正して自衛隊を本格的な軍隊にすることに反対していたのである。だとすれば、なおさら憲法と自衛隊の関係の説明は重要なはずであった。憲法を前提に自衛隊の海外出動を禁止するこの決議はもっとも重要なものと考えられて、当然であった。そうならなかったのは、護憲派の考え方に現実的でない点があったためであろう。

鶴見祐輔と両派社会党の参議院指導部が提携して推進したこの決議の意義は大きかった。自衛隊がこんごもつづく新アジア戦争にアメリカに求められて参戦するようなことがないようにするために、憲法とこの決議が決定的な役割をはたすことになるのである。

自衛隊二法は七月一日施行された。保安隊と警備隊は陸上、海上、航空の三自衛隊となった。陸上自衛隊は一八万人をめざして増員されることになった。


自衛隊が生まれたあとも、鳩山一郎は、吉田の路線にひきつづき異を唱え、独自の道を追求していた。彼の主張は、憲法を改正し、自衛軍をもつことを通じて、米国からの自立をはかり、かつソ連、共産中国との国交を樹立するというものだった。五四年七月三日には、岸信介、石橋湛山、芦田均らの新党結成準備会が生まれ、一一月一日には鳩山一郎がこの委員長に就任し、一一月二四日に、鳩山は支持者をひきつれて、自由党を割って出て、日本民主党を結成したのである。鳩山が新党総裁、岸が幹事長となった。その勢力は衆議院で一二一名、参議院で一八名であった。

日本民主党の「政策大綱」には、第二項に「現行憲法及び占領下諸制度を改革する」、第三項に「積極的自主外交を展開し、各国との国交の正常化を図る」が掲げられた。一一月三〇日、臨時国会が召集されると、民主党は左右社会党とともに、吉田内閣不信任案を提出した。改憲論の民主党と護憲論の社会党両派が反吉田という一点で手を組んだのである。吉田は国会解散で対抗しようとしたが、党内に異論が多く、一二月七日総辞職に追い込まれた。その結果、一二月一〇日選挙管理内閣として鳩山内閣が成立したのである。鳩山首相のもと、外相が重光、農相が河野一郎、通産大臣が石橋湛山、運輸大臣は三木武夫、防衛庁長官は大村清一、経済審議庁長官が高碕達之助という顔ぶれであった。

社会党を中心とする革新派は鳩山内閣のソ連中国との関係改善への意欲を歓迎しながら、憲法改正への志向を警戒して、きわめて緊張した状態に置かれた。国会では、一二月二一日、社会党の議員が憲法改正問題と自衛隊について、質問し、鳩山首相から自衛隊は自衛のための軍隊だから、違憲ではないという答弁を引き出したが、その結果、林修三法制局長官の答弁をさらに引き出すことになった。林長官は次のように述べた。

「憲法第九条は御承知のように第一項におきまして国際紛争を解決する手段として武力の行使というものをはっきり放棄いたしております。この第一項の解釈につきましては大体において説は一致しておりますが、これにつきましては、日本は固有の自衛権というものを独立国である以上放棄したものではない、従いまして他国から急迫不正の侵害を受けた場合に、その自衛権を行使するという形において武力抗争をすることも第一項は放棄したものではないということも、これも大体通説と考えてよろしいと思います。ただ問題は第二項に参りまして、第二項に前項の目的を達するために陸海空軍その他の戦力は保持しないという規定がございます。この意味につきましてこれはいろいろ説もあるわけでございますが、第一項におきまして、国は自衛権、あるいは自衛のための武力行使ということを当然独立国家として固有のものとして認められておるわけでありますから、第二項はやはりその観点と関連いたしまして解釈すべきものだ、かように考えるわけでございます。それでこれにつきましては、大体においてただいままでの解釈といたしまして、この陸海空軍その他の戦力を保持しないという言葉の意味につきましては、戦力という言葉をごく素朴な意味で戦い得る力と解釈すれば、これは治安維持のための警察力あるいは商船とか、そういうものもみな入ることに相なるわけでありますが、憲法の趣旨から考えて、そういう意味の国内治安のための警察力というものの保持を禁止したものとはとうてい考えられないわけであります。戦力という言葉にはおのずから幅がある、陸海空軍その他の戦力を保持しないという意味においては幅があるというふうに考えられます。従いまして国家が自衛権を持つておる以上、国土が外部から侵害される場合に国の安全を守るためにその国土を保全する、そういうための実力を国家が持つということは当然のことでありまして、憲法がそういう意味の、今の自衛隊のごとき、国土保全を任務とし、しかもそのために必要な限度において持つところの自衛力というものを禁止しておるということは当然これは考えられない、すなわち第二項におきます陸海空軍その他の戦力は保持しないという意味の戦力は保持しないという意味の戦力にはこれは当らない、さように考えます」(予算委員会議事録、一九五四年一二月二二日)。

次の日、一二月二二日衆議院予算委員会の冒頭で、鳩山内閣の大村清一防衛庁長官から、次のような憲法解釈が示された。

「第一に、憲法は自衛権を否定していない。自衛権は国が独立国である以上、その国が当然に保有する権利である。憲法はこれを否定していない。従つて現行憲法のもとで、わが国が自衛権を持つていることはきわめて明白である。

二、憲法は戦争を放棄したが、自衛のための抗争は放棄していない。(1)戦争と武力の威嚇、武力の行使が放棄されるのは、「国際紛争を解決する手段としては」ということである。(2)他国から武力攻撃があった場合に、武力攻撃そのものを阻止することは、自己防衛そのものであつて、国際紛争を解決することとは本質が違う。従つて自国に対して武力攻撃が加えられた場合に、国土を防衛する手段として武力を行使することは、憲法に違反しない。

自衛隊は現行憲法上違反ではないか。憲法第九条は、独立国としてわが国が自衛権を持つことを認めている。従つて自衛隊のような自衛のための任務を有し、かつその目的のため必要相当な範囲の実力部隊を設けることは、何ら憲法に違反するものではない。

自衛隊は軍隊か。自衛隊は外国からの侵略に対処するという任務を有するが、こういうものを軍隊というならば、自衛隊も軍隊ということができる。しかしかような実力部隊を持つことは憲法に違反するものではない。

自衛隊が違憲でないならば、何ゆえ憲法改正を考えるか。憲法第九条については、世上いろいろ誤解もあるので、そういう空気をはつきりさせる意味で、機会を見て憲法改正を考えたいと思つている」(予算委員会議事録、一九五四年一二月二二日)。

この二つの政府見解では、自衛隊が合憲だという主張が自衛権の保持、自衛のための実力部隊の組織は憲法違反ではないということに留まって、憲法の枠内にある自衛隊の限界、憲法九条による自衛隊への縛りが指摘されていない。この点では、五四年六月二日の参議院決議が自衛のための軍事組織は海外に出動することが許されない組織であると規定したことが重要である。

本来ならば、憲法九条二項が陸、海、空軍を保持しないとしている意味が解釈されるべきであろう。自衛隊をみて、考えれば、憲法上保持することができる軍事組織はその構成においても、行動においても制限された軍事力であるということになる。自衛隊は専守防衛で、かつ海外出動することは許されないということが行動上の制限である。装備の点では、外国基地への攻撃を行うような航続距離の長い航空機、長距離ミサイル、航空母艦のような攻撃兵器をもつことは許されない。構成の点では、自衛隊は軍法会議をもたない。上官の命令に対する不服従、規律違反は組織内部の軍法会議によって裁くことができない。これは憲法七六条第二項で否定されている。さらに動員の点では、徴兵制をとらない。このような意味で、自衛隊は通常の軍隊とは異なる制限された特異な武力であると言うことができる。自衛隊をそのような存在としているのは憲法の規定と日本国民の敗戦後の平和意識である。

3　改憲の否定——一九五五年総選挙の意義

鳩山内閣は選挙管理内閣であったから、すみやかに総選挙が行われる必要があった。総選挙は一九五五年二月二七日と定められた。政治の流れからして、この総選挙では、まず鳩山内閣が打ち出した憲法解釈に対する国民的な支持不支持が問われることになった。それと同時に鳩山政権の基本的な志向からして、自衛隊の性格を確定させるために憲法改正をすることが必要であるかどうかも問われる選挙となったのである。前者からすれば、保守が革新にたいして勝利するかであり、後者からすれば、憲法改正に反対する両派社会党など革新勢力が三分の一の議席をかちとるかが、問われたのである

三分の一議席の確保という点からすれば、共産党の決断が重要な役割を果たした。共産党は朝鮮

戦争の過程で、北京に亡命した指導部の指示のもと、反占領軍、朝鮮人民軍支援の極左戦術をとったが、この戦術に基づく実践はほとんど成果をあげなかった。朝鮮戦争が終わったあと、日本共産党の幹部はモスクワでソ連共産党と協議した上、路線転換を行うことを決めた。五五年一月一日『アカハタ』は、モスクワで合意された決議案にもとづいて、「党の統一とすべての民主勢力との団結」を発表し、極左方針を自己批判した。この月、国内での主流派指導部の志田重男が党内反対派の宮本顕治に会い、党出直しのための第六回全国党協議会(六全協)の開催を持ちかけた。宮本はこの提案に合意した(『日本共産党の七十年』上、二四二頁)。

二月の総選挙は新しい共産党の方針を部分的に反映する選挙となった。宮本顕治は党中央からの特別の要請によって東京第一区から立候補した。地下指導部の志田はこの総選挙にさいして、共産党の立候補が左右社会党の候補の勝利を妨げると判断した場合には、立候補辞退を行ってもよいとの柔軟な方針を打ち出したと言われる(岩田英一「赤旗が宮城へ入るまで」『運動史研究』8、三一書房、一九八一年、一九八頁)。共産党は第一次公認で七七名、第二次公認で二二名、計九九名の候補者を立てた(『アカハタ』一九五五年一月二二日、二六日)。

ところで選挙直前の予想では、鳩山、岸の民主党が一八八名前後をとり、吉田の自由党は一三〇で、左右社会党は一三三前後とみられていた。憲法改正案の国会可決を阻む三分の一の議席数は一五六であったので、革新派はこれに及ばないという危機意識が生まれた。二月二〇日、青野季吉、大内兵衛、清水幾太郎、中野好夫、武谷三男、広津和郎、務台利作、阿部知二、久野収ら文化人九氏は手分けして、革新政党四党の本部を訪れ、「憲法改悪、再軍備阻止の道を民主勢力の団結の力で阻止しよう」と選挙協力を求めた。共産党本部では、青野、中野、武谷、久野の四氏が宮本顕治、松本三益に会い、次のように要請した。「どうしてもこんどの選挙では革新勢力に三分の一以上をとってもらわねばならないと考えます。全国の各選挙区のもようをみると、革新勢力が乱立し、共倒れのおそれのあるところもたくさんあるが、こういう点はぜひ四党が力を合わせて心配をなくしてほしい」。これに対して、宮本と松本は、「統一行動を発展させたいというのはわが党の心からの念願」だから、「かならずご期待にこたえるようにします」と約束した(『アカハタ』一九五五年一月二二、二三日)。

共産党の内部では、すでにその方向の検討がなされ、指示が出ていたのであろう。翌日から各地の共産党組織が動いた。九州地方委員会の声明、関東地方委員会、山梨県委員会、滋賀県委員会の立候補取り下げ声明が出た(同上、一九五五年一月二三日)。二三日になると、共産党本部は記者会見を行って、二五、六名の立候補辞退を行うと声明した。「憲法改正とファッショ的政治をもくろむ自民両党が国会の多数を占めて戦争政策を国民に押しつけることを阻止する」「当落線上にある民主的諸政党(両社、労農党など)候補者を押上げ、その当選を確実にする」ことが狙いであることが明らかにされた(『朝日新聞』一九五五年二月二三日夕刊)。

翌日の『アカハタ』には「民主勢力のつよい統一へ」と題する中央指導部の立候補取り下げ方針の説明が載った。二五日には辞退者は三〇人にのぼった。この日の『アカハタ』は「できるだけ多くの愛国・民主の党派の代表を国会へ送ろう」という社説を掲げ、富山、埼玉、山口、広島県委員会の声明がつづいた。「乱立」「共倒れをふせげ」が叫ばれた。辞退は投票日前夜まで進められ、最終的に辞退者は三九人、共産党の立候補者数は六〇人に減らされたのである(『朝日新聞』一九五五年二月二七日)。

最終的な結果は、民主党一八五、自由党一一二、あわせて二九七に対して、左派社会党八九、右派社会党六七、労農党四、共産党二、あわせて一六二、その他諸派二、無所属六であって(同上、一九五五年二月二九日)、革新は三分の一の壁を突破するという勝利を収めたのである。

この結果について、朝日新聞は「選挙戦終盤における共産党の大量立候補辞退も左社に利したもののようだ」と評した(同上、一九五五年二月二八日夕刊)。この年一〇月の共産党第三回中央委員会総会の決議も、候補者取り下げ措置によって、三党が「三分の一以上を占めることに貢献し、これによって(……)憲法改悪を一応阻止することができた」と総括しているが(『日本共産党決議決定集』2、新日本

朝日新聞　(夕刊)　昭和30年(1955年)2月28日　月曜日　第24808号

革新派 1/3 を突破

民主、百八十を越す

左社、予想外の躍進

自由　百十名前後に転落

首相、四度び全国最高

広川氏当選、加藤氏(右社)落つ

開票結果

党派別当選者

(当選確実を含む)

28日午後4時50分現在　本社調査

党派	計	新	前	元	解散時
民主	184	22	101	61	124
自由	109	6	78	25	180
左社	89	17	68	4	74
右社	65	8	49	8	61
労農	4	0	3	1	5
共産	2	0	1	1	1
諸派	2	0	2	0	1
無所属	6	2	2	2	10
合計	461	55	304	102	456

婦人　7名

(注—解散時の議席には十一名の欠員あり)

二十八日午後4時50分現在

各党

党派	得票数	比率
民主	12,982,174	36.8
自由	9,481,568	26.9
左社	5,313,935	15.1
右社	4,877,530	13.8

東京

朝日新聞，1955 年 2 月 28 日夕刊

出版社、一九五六年、一七頁）、あながち誇張ではないと言えよう。共産党候補の立候補辞退がなされた一四選挙区で、右社、左社の新人ないし元職の候補一四人が当選している。* かくして三分の一の一五六議席を六議席越える一六二議席が勝ち取られたのである。

＊共産党候補の辞退が行われた選挙区での選挙結果を示す。

神奈川三区　右社片山哲と左社新森島守人当選
茨城三区　左社風見章と右社元細田綱吉当選
群馬三区　左社武藤運十郎と左社新栗原俊夫当選
千葉一区　右社吉川兼光と左社新横銭重吉当選
宮城一区　右社元菊地養之輔と左社佐々木更三当選
福島一区　右社新田中利勝と左社八百板正当選
福島二区　右社鈴木義男と右社新平田ヒデ当選
高知全県　右社佐竹晴記と左社新森本靖当選
福岡四区　右社元田原春次、左社滝井義高、右社池田禎治当選
長崎一区　左社木原津与志、右社元今村等当選
大分一区　右社新木下哲当選
大分二区　左社元小松幹当選
熊本一区　右社松前重義と左社元坂本泰良当選
鹿児島二区　右社新小牧次生当選

（『アカハタ』一九五五年二月二一日。『朝日新聞』一九五五年三月一日）

総選挙の結果は自衛隊の創立と政府の新しい憲法解釈に対して日本国民が支持を与えたことを示している。そして、同時に日本国民が鳩山内閣に憲法改正を発議することを認めないことも示した。かくして戦後日本の「平和国家」の形が最終的に決められたのである。「平和国家」の最終的誕生である。

「平和国家」日本の原イメージは非武装・非戦国家であった。しかし、朝鮮戦争をへて、いまや日本は軍事力をもつこととなった。憲法九条のもとにある特殊な限定された自衛のための軍事力として自衛隊が存在する。自衛隊は徴兵制によらず、軍法会議をもたず、海外に出動することがないという意味で普通の軍隊ではない。朝鮮戦争以後の東アジアで日本は米軍に基地を提供する立場におかれ、自衛のための武力を備えざるをえなくなった。「平和国家」は変容して、もはや非武装国家ではなくなった。しかし、憲法九条に表現された、「平和国家」の原型への国民の願いは変わらない。そして「平和国家」は非戦国家として変わらず堅持されている。そのものとして、日本は新アジア戦争に最後まで参加することはしないであろう。それは意味ある平和のための不作為であった。

八　二〇一五年の「平和国家」——いまを考える

1　戦後日本の原点

一九四五年八月一四日、天皇の二度目の「聖断」で、日本は「米英支蘇四国」の共同宣言、ポツダム宣言を受諾して、ついに連合国、アメリカ、イギリス、中国、ソ連に降伏した。これが一九四一年一二月八日に宣戦布告してはじめた「大東亜戦争」に敗北したことを認めたものであることは明らかであった。

しかし、それ以前の戦争との関係は複雑である。ポツダム宣言は「「カイロ宣言」ノ条項」、ただしくは「カイロ宣言の条件」の履行をもとめていたので、日本はそれも受け入れている。そこでは、一九一四年の第一次世界大戦の開始時以後、日本が戦争で奪った領土の剝奪が規定され、さらに清国から奪った台湾及び澎湖島の返還と朝鮮の自由、独立が規定されていた。このことからすれば、日本の中国に対する敗北は、一八九四年八月一日に宣戦布告した日清戦争に対する清算を義務づけることが明らかである。そしてソ連に対する敗北は、一九〇四年二月一〇日に宣戦布告した日露戦争に対する清算を義務づけることになるのである。朝鮮に対する植民地支配は日露戦争の結果としてロシアが朝鮮の独占的な支配権を日本がもつことを認めた結果だからである。

つまり、日本の敗北は五年間の「大東亜戦争」に敗北したことにとどまらず、日清戦争にはじまる五〇年間の日本の戦争のすべての清算をもとめる敗北であったということである。

天皇は降伏を連合国に通告したことを国民に伝える「終戦の詔書」を八月一四日に発し、それを翌八月一五日にラジオ放送を通じて本土、朝鮮、台湾の一億国民に伝えた。その詔書の中でこれからは「万世ノ為ニ太平ヲ開カムト欲ス」との意志を表明した。降伏すると同時に降伏後の国家の進むべき道を提示した言葉であった。内閣書記官長迫水久常を信じれば、その原意は「永遠ノ平和ヲ確保セムコトヲ期ス」というものだった。だが、「終戦の詔書」の中では、この表明は「大東亜戦争」開戦の歴史認識(「帝国の自存」と「東亜の安定」のため)と抱き合わされていたこともあって、どれほども理解されなかった。

米占領軍が日本上陸をはじめる中で、九月二日、重光葵全権はミズーリ号艦上で、ポツダム宣言遵守を約束する降伏文書に調印した。その二日後の九月四日、天皇は帝国議会の開院式に臨み、勅語を発した。その中に「朕ハ終戦ニ伴フ幾多ノ艱苦ヲ克服シ国体ノ精華ヲ発揮シテ信義ヲ世界ニ布キ平和国家ヲ確立シテ人類ノ文化ニ寄与セムコトヲ冀ヒ日夜軫念措カス」という言葉があった。「平和国家」という国家目標を天皇が示したと翌日の新聞各紙はこぞって書いたが、さしあたり国民はそのことに関心を示したようにない。しかし、これまでは「戦争国家」であった、これからは「平和国家」に変わろうという天皇のよびかけは、知識人の解説によって、次第に国民の中に浸透していった。

本土の国民は、沖縄県民のような深刻な地上戦を体験しなかった。しかし、空からのB29による無差別爆撃をうけて、街は焼かれ、家と財産を失い、家族を失った。応召して戦地に行った父や息子、兄弟は帰ってこない。日本国民は、威張りかえっていた軍人たちが国外で進めた戦争の結果がいかに恐るべきものであるかを知った。日本軍は無敵であると誇っていたが、銃後の国民の生命、財産も守ることができなかった。ここから国民の反戦、反軍の意識が生まれた。国民がいかに戦争の歴史に無知であったにせよ、「戦争はいやだ」「軍隊はいらない」という感情は実質的であり、強烈であった。そのような意識から国民は、「平和国家」という新しい国家目標を強く支持するようになった。

知識人の中で天皇のよびかけに反応したのは、戦争を支持して、戦ってきて、敗戦に大きな衝撃を受けた一部の軍人と知識人であった。石原莞爾や遠藤三郎は、天皇の「平和国家」のよびかけの前から、いちはやく新日本の建設は軍備を撤廃した非武装の道で進められるべきだと主張した。それに続いたのが神道主義者の詩人・佐藤一英であり、彼は『少年倶楽部』八月・九月合併号で、日本の少年たちに対して、絶望するな、「武器をすてた」日本は「「ひじり」の道」を歩んで、世界の人に武器のいらないことを知らせるのだ」とよびかけた。この雑誌の編集長・高橋清次は、君たちは「じつによくたたかつた」、これからは「しのびがたきを忍んで、新しい日本をきづき、世界平和のためにつくさうではないか」とよびかけた。

『大阪毎日新聞』の大記者・丸山幹治は、終戦後存在した唯一の総合雑誌『現代』一〇月号に論文「平和国家への道」を書き、「日本は軍部、官僚を日本の政治の中枢より去らしめ、(……)万世に太平を開く――の御叡旨を体し、武装なき平和への道を直進しなければならぬ」とよびかけた。

そして一九四六年一月になると、復刊第一号の『改造』誌が巻頭論文として森戸辰男の論文「平和国家の建設」を掲載した。森戸は佐藤のように戦争を支持した者でも、丸山のように国体を信じた人でもない。アナーキズムを宣伝したとして、東京帝大を追われた学者で、社会主義の理想をもつ人だった。その彼も天皇が示した「平和国家の建設」は「救国の活路」であるとし、「「戦争を欲せぬ」平和国家」、非武装の国家をめざそうとよびかけた。

思想的にも、経歴的にも多様な、幅広い知識人が「平和国家」こそ敗戦国民が誇りを持って生きる道であるとよびかけ、「平和国家」の内容は非武装国家、非戦国家でなければならぬと明確にしたのである。

国民の敗戦体験こそ、戦後平和主義の基盤であり、その基盤の上で、天皇の「平和国家」のよびかけが戦後平和主義にかたちをあたえ、多様な知識人の考察がその内容を明確にしたと言うことができる。そのような平和主義、「平和国家」論が一九四六年一月の日本をおおっていた。その年の元旦、日本国中の小学生は書き初めによって平和の誓いを立てた。地方都市の国民学校二年生であった私は「太平の春」と書き、東京の学習院の六年生であった皇太子は「平和国家建設」と書いたのである。

この戦後日本の平和主義を前提として、ＧＨＱが提案し、政府と帝国議会の討議をへて、日本国憲法の第九条、戦争放棄、軍隊不保持の条項が制定された。戦後日本の原点としての「平和国家」

の誕生である。

戦後日本の平和主義は明確なる反戦・反軍の意識であったが、過去の戦争についての歴史認識を欠いていた。したがって、誰がどのように戦争責任をとるべきか、どのような贖罪の行為がなされるべきかという判断が確立していなかった。戦争についての歴史認識は東京裁判判決によって外から与えられた。「満州事変」から敗戦までの一五年間の戦争は侵略戦争であった、という考えは多くの国民にとって納得できるものであった。中国人に対しては申しわけないことをした、という意識は広く存在した。だが、日清、日露戦争の結果、朝鮮を併合し、植民地として三六年間支配したことについては、政府にも国民にも明確な認識はなく、朝鮮人に対する謝罪の気持ちが生まれなかったのである。

また天皇は「聖断」により降伏を主導しただけでなく、「平和国家」への転換をただちに提案して、敗戦と再生に大きな役割を果たした。しかし、宣戦布告は天皇の名で発せられ、戦争は天皇の名において行われた以上、戦争責任がどのように論じられるにせよ、天皇があの戦争に道義的責任をもつことは明らかなことであった。天皇は自らの道義的責任を明らかにして、いずれかの時期に退位することが必要であった。「平和国家」への転換を力強いものにするためにも、そのことは必要であったが、天皇の退位はついになされることはなかった。

戦後日本の平和主義は、そのような弱点をもち、欠陥をかかえていた。「平和国家」として生きると決断したあとで、日本国民はそのような弱点、欠陥を克服するための長い努力をはらわなければならなかった。戦後の「平和国家」の歩みとはそのような努力であり、それをめぐる葛藤の歴史であった。

一九九五年の村山総理談話は大きな達成、大きな前進であったが、戦後平和主義の弱点や欠陥の克服は、いまだ成しとげられたとは言えない状態である。その意味でも「平和国家建設」の過程はなおつづいている。

2　「平和国家」の変容

「平和国家」は、連合国軍という名の米軍の占領下に、米英中ソ四大国による安全の保障を期待してスタートした。日本が独立して、占領軍が撤退していれば、非武装国家、非戦国家として日本が独り立ちするときがくる。そのときの試練をどう乗り切るかが大きな問題だと意識されたはずである。しかし、歴史はそのようには進行しなかった。

第二次大戦後、アメリカとソ連はヨーロッパできびしく対立し、おのれの勢力圏をかためて、「冷戦」を開始した。「冷戦」は「Long Peace」とも呼ばれる。しかし、東アジアには平和はこなかった。新しい「熱い戦争」がただちにはじまった。日本の侵略と支配から解放されて自らの民族国家形成に進んだ諸民族は、その国家形成の道をめぐって、共産主義者と反共産主義者に分かれて、対立し、軍事衝突を引き起こしたのである。一九四六年には中国大陸とインドシナ半島の全域が戦争でおおわれた。そして四九年、中国で毛沢東の共産党軍が勝利し、蔣介石の国民党軍は台湾に逃げ込んだ。アメリカはこの事態に強い危機感をいだき、日本の復興を急がせた。アメリカが占領する日本はアメリカの保護国であったので、この状況の中では、東アジアにおけるアメリカのもっとも重要な政治的・軍事的・経済的拠点とされる運命にあったのである。

新アジア戦争の第二の波、朝鮮戦争が一九五〇年六月に起こると、アメリカはただちに、国連安全保障理事会の決議をとって、大韓民国の側に立ち、全面的に介入した。朝鮮の隣りに位置する日本は朝鮮で戦争する米軍の最良の拠点であった。日本占領軍の司令部ＧＨＱは朝鮮で戦う国連軍の司令部となり、日本列島が朝鮮戦争の前進基地、出撃基地、補給中継基地となった。

日本の政府、国鉄、港湾、海上保安庁、すべての機関に対してマッカーサー連合国軍最高司令官は命令を発する権限をもち、その命令をうければ、日本のあらゆる機関はただちにそれに従い、履行しなければならなかった。かくして、マッカーサーの指令により、日本政府は米軍基地を守る警察予備隊を創設し、国鉄は米軍の兵員と武器弾薬の輸送にあたり、占領軍管理下の民間船舶は仁川上陸作戦の海兵隊をはこび、海上保安庁の掃海艇は元山上陸作戦のための機雷除去を行った。日本の横田基地と沖縄の嘉手納基地からはＢ29が連日飛び立って、北朝鮮と北朝鮮軍を空襲し、爆撃した。平壌などの都市は廃墟と化した。

こうして、日本は朝鮮戦争、新アジア戦争にのみこまれた。この中で日本は平和国家でありつづけることができるのか、できるとしたら、どのようにすべきなのかが、問われることになった。文字通り、「平和国家」は風前の灯火となったのである。韓国の研究者・南基正が言うように、すでに「平和国家」は「基地国家」に転化した、とみることもできた。

この状況の中で、時の吉田茂首相は、戦争に対する協力は米占領軍司令官の命令に服従して行っているもので、日本政府は、主体的には、この戦争を精神的に支持することしかできない、積極的に支援することはできないし、しない、という態度をとりつづけた。野党社会党もこの立場を支持した。日本は憲法九条をもつ非武装の国家であり、非戦の国家であるから、こうしかできない、というのである。これに対して憲法を改正して、軍隊をもち、参戦すべきだという主張も提起されたが、吉田首相は一貫してそれを拒絶した。こうして「平和国家」たることを守ろうとしたのである。

朝鮮戦争は、一方ではアメリカ、韓国、イギリスをはじめとする一六ヶ国による国連軍、それを支援する台湾、中華民国と、他方では北朝鮮、共産中国、それを全面的に支援するソ連との戦争であった。ポツダム宣言を出した四国がいまや二つの陣営に分かれ、戦争していたのである。だから、この戦争がつづくかぎり、全面講和は不可能であった。結局、一九五一年九月、朝鮮戦争の参戦国のうちの一方、米英が主導したサンフランシスコ講和会議が開かれ、講和条約の調印が行われた。他方の参戦国ソ連、中国は基本的にこの講和を否定した。講和によって日本は独立したが、アメリカは、占領中とおなじように、日本に軍隊を駐留させ、基地を朝鮮戦争のために自由に使うことを講和の条件とした。日本はそれを受け入れ、講和条約と同時に日米安保条約を締結した。米軍の日本駐留を認め、基地の自由使用を認めた。日本にとって、アメリカの要求を受け入れて、前に進む以外に道はないと考えられたのである。

だが、独立したとはいえ、米軍が名目を変えても、そのまま駐留していれば、日本はあいかわらずアメリカの保護国のままである。ソ連、中国から非難をあびることになる。アメリカにとっても、日本政府にとっても、日本が主権国家であることを示すことが必要であった。駐留米軍の存在に対して日本の主権を主張するために、日本は自衛のための最小限の軍事力を創出することになった。その日本の軍事力は米軍の指揮、指導下におかれ、米軍に対してことをかまえることがないように、徹底的にコントロールされるのだが、ともかくも一定の武装力をもつことによって、日本が主権国家たることを示すことが必要であったのである。一九五二年七月、警察予備隊は保安隊に改組された。日本国家の武装力一一万人が生まれた。米空軍はひきつづき日本の基地から出動して、北朝鮮爆撃を続けた。五三年七月、朝鮮戦争が終わったあと、五四年に保安隊は自衛隊に改組された。組織も整備され、説明も国土防衛のための存在とされるようになった。

こうして朝鮮戦争の戦中から戦後にかけて、憲法のもとに自衛の軍事組織がつくりだされた。その意味では日本は非武装国家ではなくなった。しかし、日本は憲法のもと、非戦国家でありつづけたいと望んだ。自衛隊法成立と同時に、自衛隊海外出動禁止決議が参議院で全党一致で採択されている。自衛隊は憲法第九条のもとにある限定的な軍事組織であり、国際紛争の解決の手段として用いることはできないものであり、海外派兵はされえないということが確認された。

「平和国家」は変容したが、「非戦国家」として存続した。もとより非武装国家という原点の志は憲法が改正されない限り、国民の意識の中にのこりつづけ、「平和国家」のあり方を不断に深く顧みて、監視の目をきびしくするのである。

こうして新アジア戦争の現実の中で、「平和国家」の最終的なかたちが決まった。日米安保体制下の「平和国家」の最終的な誕生である。

3　「平和国家」七〇年

そして、そのままの体制で「平和国家」は六〇年つづいた。一九六〇年に安保条約の改定が行われた。米軍の日本防衛義務が明記され、日本と在日米軍基地への攻撃に対する共同対処が宣言された。米軍が日本の基地から戦闘作戦行動をとる場合は「事前協議」を行う、との交換公文が結ばれた。しかし、本質的な変化はなかった。

「平和国家」の第二の試練は一九六五年にきた。新アジア戦争はアメリカの直接的な介入によって、第三の波としてのベトナム戦争の局面を迎えた。アメリカはこの年、地上軍をベトナムにおくり、北ベトナム爆撃を開始した。アメリカのもとめに応えて、韓国軍は五万人の規模で参戦した。自衛隊は参戦しなかった。アメリカから参戦の要請はなかったのだが、「平和国家」日本にそのような要請はできなかったのである。日本はベトナム戦争に多面的に協力したのだが、日本本土の基地が出撃基地となることはなかった。しかし、米軍の軍政下にある沖縄はこの戦争でもアメリカ軍の出撃基地となった。嘉手納基地にB52が常駐するようになり、北ベトナムへの爆撃が行われたのである。日本は日韓条約を結び、ベトナムで戦う韓国を経済的に支えた。

一九七二年五月、ベトナム戦争が続く中で、沖縄返還が行われた。アメリカが返還に応じる条件は「軍事基地の通常の使用が、特に朝鮮、台湾、ベトナムとの関連で最大限自由であること」(一九六九年五月二八日国家安全保障会議メモランダム一三号)であった(西山太吉『沖縄密約』岩波新書)。日本政府はそのことについて約束を与えた。犯罪的な戦争はさらに三年つづき、ついに一九七五年アメリカの敗北、ベトナム人の勝利に終わった。これをもって新アジア三〇年戦争が終わったのである。

一九七九年末ソ連はアフガニスタンでクーデターをおこし、イスラム勢力を相手にアフガニスタン戦争をはじめた。それにアメリカが介入し、ソ連の力を奪うために、イスラム勢力に軍事援助を行った。のちのイスラム・テロリストの指導者オサマ・ビン・ラディンはここで育てられた。戦争の泥沼に落ちたソ連は国家的な危機を深め、一九八七年にはペレストロイカを開始した。ゴルバチョフ書記長は冷戦からの脱出をよびかけ、ついにレーガン大統領と合意に到達する。冷戦が終わり、それにつづいて、ソ連社会主義体制の終焉がきた。

そのさなかの一九九一年に発生した湾岸戦争には、アメリカは日本の自衛隊の参加をもとめた。しかし、日本政府は資金援助はしたが、自衛隊は出動させなかった。より差し迫った試練は一九九四年に訪れた。この年、朝鮮有事が想定され、アメリカが朝鮮での軍事行動の可能性を考え、それに備えて日本に協力体制と自衛隊の共同行動準備を要求した。その結果として、一連の有事立法の制定が進められたのである。しかし、この場合も、「憲法上、集団的自衛権の行使はゆるされない」との解釈はゆるがず、アメリカの要求への対応は限定的なものにとどまった。

二〇〇一年九月、ニューヨーク世界貿易センタービルに対するアル・カイダ派の同時多発テロが起こると、アメリカはただちに、あらたな反テロ戦争、アフガン戦争を開始した。〇三年には、大量破壊兵器を保持しているとの断定にもとづき、イラクに戦争をしかけた。この間アメリカから積極的戦争協力が強く要請され、日本政府は、「自衛隊の海外武力行使を認めない」との範囲で自衛隊を派遣した。二〇一五年までの流れは、このようなものであった。

この間、日本国家は一人の戦死者もださず、一人をも殺さなかった。自衛隊は幾たびか海外に派遣されたが、さいわいにも武器を使用する軍事行動を海外で行うことは一度もなかった。日本国内においても、自衛隊はこの間一度も防衛出動をしていない。

この間日本に軍隊を侵攻させ、日本を支配し、従属させようと意図した国はなかった。共産主義国が日本を共産主義化するために、革命を輸出する戦争を行うこともなかった。冷戦の終結後に、多くの秘密資料が公開されたが、ソ連も、中国もそのような考えを抱いた形跡はまったくない。現実的に考えれば、日本に基地をもつ米軍がその基地から出動して朝鮮とベトナムで戦争をした以上、米軍が戦った相手が敵基地攻撃を考える可能性は、理論的には存在した。しかし、そのための手段が当該時期の当該国にはなかった。だから朝鮮戦争の間でも、ベトナム戦争の間も一度もそのようなことはなかったのである。このように考えてくれば、日米安保条約で米軍が日本に駐留しているから、第三国が攻めてこなかったのではなく、日本を攻める意図をもつ国が存在しなかったのだと認めざるをえない。

もっとも、北朝鮮は日本の領土領海内に工作船を侵入させ、工作員を送り込み、密航者を運び出し、日本国民を拉致・連行するなどの領土侵犯・人権侵害の不法行為を行った。だが、それは日本に対する軍事作戦とは種類を異にする行動であり、民間の密航船とおなじように、基本的には海上保安庁と日本警察が対処する事件である。

だから戦後七〇年間、日本には外国からの侵略行為は行われず、したがって自衛隊の創立以来、防衛出動は一度も行われたことはなかったのである。

この間自衛隊が行った本務は、災害派遣である。日本の国民の生命と生活に対して甚大な損害を加えたのは、台風、地震、洪水、津波、火山爆発、原子力発電所の事故である。しかも、東アジア、東北アジアの近隣諸国でも、激甚なる災害が頻発している。たとえば一九七六年七月の中国の湯山大地震では死者二四万人以上が出た。九五年一月の阪神淡路大震災では、死者五五〇〇人、その年の五月にはサハリン州ネフチェゴルスクで激震があり、死者は二〇〇〇人以上にのぼった。九九年九月の台湾集集鎮の激震で死者二三三九人、二〇〇四年一〇月の新潟中越地震は、死者六八人。同年一二月のスマトラ島沖地震では、死者は二二万六五六六人。〇八年五月の中国四川省大地震では死者六万九一九七人、行方不明者一万八二二二人。そして一一年三月一一日の東日本大震災では地震と津波、死者は一万八八〇〇人にのぼった。この時に発生した原子力発電所事故によって、八万人が核物質で汚染された故郷を離れ、避難民とならなければならなかった。

こうした災害のたびに国民を救援し、その生活の再建を助けたのは自衛隊であった。被害者たちは自衛隊員の努力に深く感謝している。災害救援の経験をつんだ実力ある集団、自衛隊が、近隣諸国の災害にも緊急支援に向かうことがのぞまれる。そのためには自衛隊の一部を災害緊急援助隊に編制替えして、別のユニフォームで海外に派遣することが考えられてもいいことである。ともあれ、今日日本国民の生命と生活に損害をもたらす第一の危険は外国の侵略ではなく、地球の温暖化の影響もふくめて頻発増大する自然災害なのである。

「平和国家」の六〇年の経過のうちに、本土復帰にはじまる沖縄の問題の登場も、日本政治の重要な変化である。沖縄県民は戦争の末期に侵攻してくる米軍を相手に、島ぐるみの防衛戦を戦った。軍隊は一〇万人、一般県民は一二万人が命を失うという苛烈な戦闘で、一〇〇日間を持ちこたえた。戦闘が終わったあとに、沖縄県民は、自分たちに強いられたこの戦争がまったく無意味なことだと認識するにいたった。そして米軍に対する恐怖、そして最後には沖縄県民にまで刃をむけた日本軍に対する怒り、自分たちの献身が裏切られた悔しさ、この戦争に進んで参加した屈辱感――そういう感情の中から、戦争はしてはならない、そしてすべての軍隊は悪だという透徹した反戦・反軍の意識がうまれたのである。

沖縄県民は自分の意志でアメリカ軍に降伏し、アメリカ軍が占領し支配する沖縄で生きることになった。自分たちの街や村はアメリカ軍の基地にされ、アメリカ軍のために働く生活を強いられた。米軍政下に生きる沖縄の人々は「平和国家」である日本、その憲法の下に戻りたいという強い願望を抱いた。一九七二年沖縄は日本に復帰した。しかし、日本は日米安保条約をもって沖縄の米軍基地を承認し、沖縄県民に堪えつづけることを要求した。沖縄県民の失望は深いものであった。

もとより沖縄の人々は基地を拡大する米軍に抵抗することをやめることはなかった。しかし、米軍の支配は恐ろしく、その力は本土復帰後も少しも変わらなかった。

だが、ベトナム戦争が終わって二〇年、冷戦が終わって五年の一九九五年、沖縄の少女が米軍兵士に暴行を受けるという事件を契機に、沖縄県民の怒りが爆発した。一〇月二一日の六万県民大会は五〇年間つづいた基地の重圧は「もう限界」だとして、米軍基地の整理縮小を要求した。このときから、沖縄県民の戦争体験からくる平和意識が日本国民の平和意識の核心に位置するようになり、沖縄の運動が「平和国家」建設の日本国民の運動を先導するものとして浮かび上がってきたのである。

二〇〇九年普天間基地の移転先は「最低でも県外」とするとの公約をかかげた民主党の鳩山由紀夫首相が出現すると、沖縄県民の決意は決定的に強まり、辺野古新基地建設を拒絶する方向に進んだ。二〇一四年一二月全党派一致、全沖縄を代表する翁長雄志県知事が出現し、沖縄県と日本政府の闘争が非和解的な局面に入っていくのである。沖縄県民の戦争体験からくる平和意識が日本国家の運命を左右するところに登場してきたのが、実に敗戦後七〇年の歳月をへた現在の状況である。

4　「平和国家」の危機のはじまり

二〇一五年の世界と東アジア、東北アジアは容易ならない趨勢にある。アメリカは中東での戦争に堪えられず、アフガニスタン、イラクから地上軍をひきあげ、空爆と無人機による作戦に限定しようとしている。しかし、アメリカはそのようにはできないだろう。中東ではシリアの内戦から「イスラム国」なるイスラム原理主義のテロリスト運動が拡大し、全世界から志をえない青年たちをひきつけている。フランスでそのような青年テロリストが『シャルリー・エブド』誌編集部を襲撃し、一二名を殺害するに及んで、フランスもテロリストに宣戦布告するにいたった。さながらテロリストに対する第四次世界戦争がはじまったかのようである。しかし、敵はどこにいるのか。先進国の内部で貧困と差別がなくならないかぎり、敵は内部から生まれてくるのである。

アメリカはアジアに回帰すると宣言するが、そのアジアでは経済的にも軍事的にもアメリカと並ぶ大国と化した中国と対面している。中国が南シナ海での島の領有をめぐって、ベトナム、フィリピンと衝突していること、尖閣諸島（釣魚諸島）をめぐって日本と対立があることは事実である。孤立している北朝鮮は核とミサイルの開発に安全保障をもとめ、核兵器の保有を宣言するにいたった。

このような世界の中で、「地球儀を俯瞰する外交」を唱えて、世界各国を歴訪しているのが安倍晋三首相である。安倍首相は「大東亜戦争」は自存自衛、アジア解放のための戦争であったと主張し、戦争については「一切反省も謝罪もしてはならない」とした戦後五〇年国会議員連盟（会長・奥野誠亮）の事務局長代理として、政界の第一歩を歩み出した人である。二〇〇六年に最初に首相になる前に出した著作、『美しい国へ』（文春新書）では、「憲法九条はアメリカにおしつけられたもの」であり、憲法改正が必要だとの見解を披瀝した。「日本をとりもどす」というその考えは、戦後の日本が失ったものをとりもどす、戦後体制の打破、ということである。そのような信条の持ち主が、大変な政治的能力と政治的意欲をもっていることを認められて、一度目の挫折をのりこえて、総理大臣にカムバックした。そして、集団的自衛権の行使容認により自衛隊の海外戦闘行動に道をひらく安保法制一一法案の成立に挑戦することになった。二〇一四年七月一日の閣議決定から二〇一五年九月一三日の安保法制法案の国会成立までの動きは、「平和国家」を終わらせ、「平和国家」からの転換をはかる決定的な過程のはじまりである。

だが、このときにあたり、安倍首相は、みずからの信条に反するにもかかわらず、「平和国家」の継承という標語を掲げて、前進した。二〇一四年五月一五日、安保法制懇談会が、「平和主義は日本国憲法の根本原則の一つであり、今後ともこれを堅持していかねばならない」としながら、憲法上認められる自衛の措置の「必要最小限度」の中には「集団的自衛権の行使も含まれる」と提言すると、安倍首相はこれをうけた記者会見で、「限定的に集団的自衛権を行使することは許される」

と述べながら、「日本国憲法が掲げる平和主義はこれからも守り抜いていく」と表明したのである。さらに七月一日の閣議決定にいたっては、「我が国は、戦後一貫して日本国憲法の下で平和国家として歩んできた」と始めて、安全保障環境の変化の中で、国際社会の期待に応えて、「国力にふさわしい形で一層積極的な役割を果たす」、「米国との相互協力を強化する」、「積極的平和主義」の下、国際社会の平和と安定にこれまで以上に積極的に貢献する」ための、「切れ目のない対応を可能にする国内法制を整備しなければならない」と打ち出したのである。集団的自衛権が根拠となる「武力の行使」であっても、「わが国の存立を全うし、国民を守るため(……)やむをえない自衛の措置」であれば、許容される、とした。自衛隊を海外に出動させ、武力行使をさせる、という集団的自衛権の行使容認を、「平和国家」の継続だとして説明したのである。

安保法制法案の国会審議が大詰めになり、全国で「戦争法案」批判の国民的運動が高まる中で、二〇一五年八月一四日、安倍首相は自らの歴史修正主義の信条を放棄するにひとしい戦後七〇年首相談話を出し、その中でも「七〇年間に及ぶ平和国家としての歩みに、私たちは、静かな誇りを抱きながら、この不動の方針を、これからも貫いてまいります」と述べたのである。

この安倍首相の「平和国家」論を聞いて、私が思い出したのは、本書の第二章で紹介した徳富蘇峰の言葉である。昭和天皇が「平和国家」を提案したとき、蘇峰は「日本は開闢以来平和国家であり、ただその平和は他力平和ではなく、自力平和の国家であった」と反論したのだった。蘇峰は「戦争国家」を「平和国家」と呼んだのである。「平和国家」を否定する方向に進みながら、「平和国家」の継承を言う安倍氏の用語法は、蘇峰のそれにかぎりなく近いと言うべきであろう。

それから、ほどなくして、私は、稲田朋美政調会長や中曽根弘文「日本の名誉と信頼を回復するための特命委員会」委員長がまとめたとされる自由民主党文書「日本の名誉と信頼を回復するための提言」(二〇一五年七月二八日)を見た。そこには「日本が戦後一貫した平和国家であり、人権を重視する国家であるという実績を示し、世界の平和と発展に貢献してきた国であることを強調する」とか、「日本は、過去の一時期の例外を除き、戦前から一貫して人権を重んじ、平和を尊ぶ国として歩んできた」と書かれていた。こちらはまさに蘇峰の議論そのものである。

「平和国家」を終わらせる、「平和国家」を転換させる、進行中の大きな企てに立ち向かうためには、あらためて、戦後日本の平和主義、天皇と国民と知識人がつくりだした「平和国家」論の真のかたちを確認することが必要である。さらに、はじまった新アジア戦争の中で「平和国家」でありつづける道を模索した努力のあとを知らなければならない。その上で、今日の世界と東アジア、東北アジアの危機的状況の中で、「平和国家」として生きるためには、何をなさなければならないのか、考えぬくことが求められるのである。

本質的に言えば、「平和国家」はなお建設中なのである。「平和国家」は建設されなければならない。

引用・参考文献目録

浅見雅男『皇族と帝国陸海軍』文春新書、二〇一〇年
『芦田均日記』岩波書店、第一巻・第三巻、一九八六年
五十嵐武士『戦後日米関係の形成』講談社学術文庫、一九九五年
石塚義夫編著『鶴見祐輔資料』講談社出版サービスセンター、二〇一〇年
『石橋湛山評論集』岩波文庫、一九八四年
『石原莞爾全集』第二巻、一九七六年
石母田正『歴史と民族の発見』東京大学出版会、一九五二年
岩田英一「赤旗が宮城へ入るまで」『運動史研究』8、三一書房、一九八一年
岩間陽子『ドイツ再軍備』中央公論社、一九九三年
上品和馬『広報外交の先駆者・鶴見祐輔』藤原書店、二〇一一年
NHKニュースウオッチ9、オンライン記事「特集まるごと」二〇一三年八月二一日「富山大空襲 爆撃直後 六八年前の市民の〝本音〟」www9.nhk.or.jp/nw9/marugoto/2013/08/0821.html
NHK報道局「自衛隊」取材班『海上自衛隊はこうして生まれた』日本放送出版協会、二〇〇三年
老川祥一『終戦詔書と日本政治』中央公論新社、二〇一五年
大久保武雄『海鳴りの日々』海洋問題研究会、一九七八年

大城将保『改訂版　沖縄戦』高文研、一九八八年
大城将保編「沖縄秘密戦に関する資料」『十五年戦争極秘資料集』第三集、不二出版、一九八七年
小此木政夫『朝鮮戦争——米国の介入過程』中央公論社、一九八六年
『大佛次郎敗戦日記』草思社、一九九五年
外務省編纂『終戦史録』（複製）外務省、一九九一年、終戦史録刊行会
加瀬英明『昭和天皇の戦い　昭和二十年一月〜昭和二十六年四月』勉誠出版、二〇一五年
加藤典洋『敗戦後論』講談社、一九九七年
神吉晴夫編『三光——日本人の中国における戦争犯罪の告白』カッパ・ブックス、一九五七年
関西師友協会編『安岡正篤と終戦の詔勅』ＰＨＰ研究所、二〇一五年
北岡寿逸編『友情の人鶴見祐輔先生』非売品、一九七五年
『木戸幸一日記』下巻、東京大学出版会、一九六六年
木下道雄『側近日誌』文藝春秋、一九九〇年
金元栄（岩橋春美訳）『朝鮮人軍夫の沖縄日記』三一書房、一九九二年
宮内省『宮内省職員録　昭和一七年四月一日現在〜昭和一八年八月一日現在』宮内大臣官房、一九四二〜四三年
宮内庁侍従職監修『天皇皇后両陛下の八〇年——信頼の絆をひろげて』毎日新聞社、二〇一四年
講談社社史編纂委員会 編『講談社の歩んだ五十年』講談社、一九五九年
古関彰一『新憲法の誕生』中公文庫、一九九五年
——『「平和国家」日本の再検討』岩波書店、二〇〇二年

――『平和憲法の深層』ちくま新書、二〇一五年
『小林一三日記』第二巻、阪急電鉄、一九九一年
『斎藤隆夫日記』下巻、中央公論新社、二〇〇九年
迫水久常『大日本帝国最後の四か月』オリエント書房、一九七三年
――『機関銃下の首相官邸』恒文社、一九六四年
佐藤一英『乏しき木片 詩集』万里閣、一九四七年
佐藤一英著作集刊行会『佐藤一英詩集』講談社、一九八八年
――『佐藤一英詩論随想集』講談社、一九八八年
佐藤守男『警察予備隊と再軍備への道』芙蓉書房出版、二〇一五年
参謀本部編『敗戦の記録 参謀本部所蔵』原書房、一九八九年
塩田純『日本国憲法誕生――知られざる舞台裏』日本放送出版協会、二〇〇八年
信夫清三郎『戦後日本政治史』第一、勁草書房、一九六五年
週刊新潮編集部編『マッカーサーの日本』新潮社、一九七〇年
上丸洋一「新聞と九条」一～二九『朝日新聞』(夕刊)二〇一五年四月一日～五月一五日
『昭和史の天皇』30、読売新聞社、一九七六年
『昭和天皇実録』昭和二〇年下、宮内庁、二〇一五年
鈴木安蔵『憲法制定前後』青木書店、一九七七年
スノウ、エドガー(宇佐美誠次郎訳)『中国の赤い星』筑摩書房、一九五二年
『世界』臨時増刊「戦後平和論の源流」一九八五年七月

『続 重光葵手記』中央公論社、一九八八年
袖井林二郎編『吉田茂＝マッカーサー往復書簡集』法政大学出版局、二〇〇〇年
高橋紘「昭和天皇と『側近日誌』の時代」、木下道雄『側近日誌』文藝春秋、一九九〇年
『高松宮日記』第八巻、中央公論社、一九九七年
高見順『敗戦日記』中公文庫、二〇〇五年
高宮太平『人間緒方竹虎』原書房、一九七九年
竹内好『現代中国論』河出市民文庫、一九五一年
田中明彦『安全保障』読売新聞社、一九九七年
ダワー、ジョン（三浦陽一・高杉忠明・田代泰子訳）『敗北を抱きしめて』上、岩波書店、二〇〇一年
茶園義男『密室の終戦詔勅』雄松堂出版、一九八九年
『徳川義寛終戦日記』朝日新聞社、一九九九年
『徳富蘇峰終戦後日記』講談社、二〇〇六年
富塚清『ある科学者の戦中日記』中公新書、一九七六年
冨永望『昭和天皇退位論のゆくえ』吉川弘文館、二〇一四年
豊下楢彦『安保条約の成立――吉田外交と天皇外交』岩波新書、一九九六年
名嘉正八郎・谷川健一編『沖縄の証言』上下、中公新書、一九七一年
南基正「朝鮮戦争と日本――「基地国家」における戦争と平和」東京大学博士論文、二〇〇〇年
南原繁『祖国を興すもの』帝国大学新聞社出版部、一九四七年
西尾幹二『わたしの昭和史1――少年篇』新潮社、一九九八年

西山太吉『沖縄密約――「情報犯罪」と日米同盟』岩波新書、二〇〇七年
日本共産党中央委員会出版部『日本共産党決議決定集』2、新日本出版社、一九五六年
日本文学報国会編『文学報国』復刻版、不二出版、一九九〇年
馬場公彦『戦後日本人の中国像』新曜社、二〇一〇年
林三郎『太平洋戦争陸戦概史』岩波新書、一九五一年
林博史『沖縄戦と民衆』大月書店、二〇〇一年
東久邇宮稔彦『私の記録』東方書房、一九四七年
『東久邇日記』徳間書店、一九六八年
平塚柾緒編著『日本空襲の全貌』洋泉社、二〇一五年
文春新書編集部編『昭和二十年の「文藝春秋」』文春新書、二〇〇八年
防衛庁防衛研修所戦史室編『沖縄方面陸軍作戦』朝雲新聞社、一九六八年
松尾尊兊『戦後日本への出発』岩波書店、二〇〇二年
松木秀文・夜久恭裕『原爆投下――黙殺された極秘情報』新潮文庫、二〇一五年
丸山幹治『余録二十五年』毎日新聞社、一九五四年
丸山真男「憲法第九条をめぐる若干の考察」『後衛の位置から』未来社、一九八二年
丸山真男・福田歓一編『聞き書 南原繁回顧録』東京大学出版会、一九八九年
宮沢喜一『東京―ワシントンの密談』実業之日本社、一九五六年
宮武剛『将軍の遺言 遠藤三郎日記』毎日新聞社、一九八六年
宮本雅史『少年兵はなぜ故郷に火を放ったのか――沖縄護郷隊の戦い』KADOKAWA、二〇一五年

向山寛夫「南原繁先生の終戦工作」『回想の南原繁』岩波書店、一九七五年
森正蔵『あるジャーナリストの敗戦日記　1945～1946』ゆまに書房、二〇〇五年
矢内原忠雄「管理下の日本――終戦後満三年の随想」『矢内原忠雄全集』一九巻、岩波書店、一九六四年
柳田国男「炭焼日記」『昭和戦争文学全集』一四(市民の日記)、集英社、一九六五年
矢部貞治『近衛文麿』下、弘文堂、一九五二年
吉川幸次郎「心喪の記」『文藝春秋』一九四五年一〇月号
吉田裕『昭和天皇の終戦史』岩波新書、一九九三年
読売新聞世論調査部編『一〇大ニュースに見る戦後五〇年』読売新聞社、一九九六年
渡辺治『日本国憲法「改正」史』日本評論社、一九八七年
渡辺洋三・吉岡吉典編『日米安保条約全書』労働旬報社、一九六八年
和田春樹『ある戦後精神の形成　1938－1965』岩波書店、二〇〇六年
――『朝鮮戦争全史』岩波書店、二〇〇二年
――『ニコライ・ラッセル――国境を越えるナロードニキ』下巻、中央公論社、一九七三年
――『歴史としての野坂参三』平凡社、一九九六年
――「歴史の反省と経済の論理――中国・ソ連・朝鮮との国交交渉から」『現代日本社会』7(国際化)、東京大学出版会、一九九二年

国会議事録など

衆議院事務局編『第八回国会衆議院会議録』第三号、国立印刷局

『第八回国会衆議院外務委員会会議録』第二号・第四号・第五号
『第八十九帝国議会衆議院議事速記録』第二号・第三号・第四号、東京大学出版会、一九七九年

欧文文献

Roy Appleman, *South to the Naktong, North to the Yalu*, Washington, 1992
Foreign Relations of the United States, 1950, Vol. VII, Washington, 1976
Foreign Relations of the United States, 1951, Vol. VI, Washington, 1983
Robert Futrell, *The United States Air Force in Korea 1950-1953*, New York, 1961

文　書

プランゲ・コレクション　国立国会図書館憲政資料室蔵

あとがき

本書のテーマで最初に論文を書いたのが二〇〇二年だから、もうそれから一三年も経過したわけだ。ようやく本にして、新しい読者に読んでいただけるのは、とてもうれしい。このような形で本にすることは編集者の十時由紀子さんのご助力がなければ、かなわなかった。その意味で、心からお礼を申したい。

本になるまでの少なくない時の流れを考えるとき、いま一番心残りなことは、一九四五年の秋に『少年倶楽部』に載った佐藤一英の文章を読んで、影響を受けたという同時代の人に巡り会って、話をきくことがまだ一度もないということである。これは不思議なことだ。あの号を読んだ人は相当な数にのぼるはずだからである。

もう一つの心残りは、一九四六年の元旦に書き初めをして、皇太子がされたように、平和の誓いを立てたという人も、私は一人もさがせなかったということである。こちらは当然のことかもしれない。小学生のときの書き初めを保存しているという人は少ないからである。私もこんど本を書くにあたって、自分の書き初めを取り出して、はじめて、その意味がわかったのだ。だから、本文に書いた、一九四六年の元旦に日本中の小学生たちが書き初めをして平和の誓いを立てたという主張は、皇太子の書き初めと私の書き初めというわずか二枚の資料にもとづいて立てた仮説だということになる。

というわけで、本書を読んで下さる方の中から、私も読んだ、私も書いたという方が出てくることを期待している。そのような方々の参加があるとき、この本の主張は完成するのである。

和田春樹

二〇一五年一一月

和田春樹
1938年大阪生まれ．東京大学文学部卒業，東京大学社会科学研究所教授，所長を経て，現在，東京大学名誉教授．東北大学東北アジア研究センター・フェロー．専攻は，ロシア・ソ連史，現代朝鮮研究．主著に『ニコライ・ラッセル―国境を越えるナロードニキ』(上・下，中央公論社)，『朝鮮戦争全史』『日露戦争 起源と開戦』『ある戦後精神の形成 1938－1965』，『日韓 歴史問題をどう解くか』『東アジア近現代通史』(編共著，以上いずれも岩波書店)，『北朝鮮現代史』(岩波新書)『日本と朝鮮の100年史』(平凡社新書)ほか．

「平和国家」の誕生 ― 戦後日本の原点と変容

2015年12月3日 第1刷発行

著 者 和田春樹《わだはるき》

発行者 岡本 厚

発行所 株式会社 岩波書店
〒101-8002 東京都千代田区一ツ橋2-5-5
電話案内 03-5210 4000
http://www.iwanami.co.jp/

印刷・法令印刷 カバー・半七印刷 製本・牧製本

ISBN 978-4-00-024720-7 Printed in Japan